당신 덕분,
호주

* 지구를 위해 친환경재생지를 사용합니다.

당신 덕분, 호주

초 판 1 쇄 2023년 11월 25일
지 은 이 이경혜
펴 낸 곳 하모니북

출판등록 2018년 5월 2일 제 2018-0000-68호
이 메 일 harmony.book1@gmail.com
전화번호 02-2671-5663
팩 스 02-2671-5662
인스타그램 @harmony_book_

979-11-6747-137-6 03960

책값은 뒤표지에 있습니다.

이 도서의 국립중앙도서관 출판예정도서목록(CIP)은 서지정보유통지원시스템 홈페이지(http://seoji.nl.go.kr)와 국가자료공동목록시스템(http://www.nl.go.kr/kolisnet)에서 이용하실 수 있습니다.

패키지여행이 어때서? 겁 많은 집순이의 방구석 탈출 여행

당신 덕분, 호주

글·사진 **이경혜**

harmonybook

호기심보다 큰 두려움

어렸을 적부터 나는 질문이 많았다. 늘 물음표가 따라다녔다. 엄마에게 이거 뭐냐 저거 뭐냐는 질문을 했고 엄마가 답을 하면 왜 그런지 재차 따져 물었다고 한다. 내가 질문을 시작하면 일을 못 할 정도였다면서 엄마는 나의 호기심에 대해 아직도 고개를 절레절레 흔든다.

궁금한 것이 많은 것에 비해 겁도 많은 편이다. 나의 겁은 주로 낯선 것에 대한 두려움이다. 특히 낯선 사람을 대면하거나 낯선 장소에 가면 정신을 차리기 힘들다. 판단 기준이 모호해지며 옳고 그른 건 당연히 모르겠고 온몸의 털이 빳빳하게 서서 마치 고슴도치가 되는 것 같다. 그래서 새로운 만남을 즐기지 않는다. 특히 여행을.

여행은 낯선 것 투성이다. 물론 궁금한 것도 있긴 하다. 내가 만나보지 못한 사람과 맡아보지 못한 냄새, 가보지 못한 새로운 풍경이 뭘까 싶기도 하지만 낯선 것에 대한 두려움이 쓰나미처럼 밀려와 호기심을 덮어 버린다. 그러므로 나는 여행보다 내 방을 좋아하는 사람이다. 내 방에서 여행 잡지를 보는 것이 훨씬 편안하고 좋다.

이런 내가 여행 에세이를 쓰겠다니…. 세상은 참 아이러니하다. 낯선 것은 무섭다느니 어렵다느니 한 나의 말이 무색할 정도로 이번 여행은 재미있었다. 사진을 보니 나는 시종일관 입꼬리를 귀에 걸고 있었다. 두려움의 쓰나미는 과연 어디로 간 것일까. 애초에 두려움이란 것이 정말 있었는지 의심스러울 지경이다. 그래서 쓰기로 했다. 방구석을 즐기는 내가 남편과 함께 생전 하지도 않던 패키지여행을 즐겁게 다녀왔으니 호기심이 두려움을 이긴 경험을 글로 남기기로 했다.

차례

예약 1명

이번 여행은 남편과 막내와 나, 이렇게 셋이서 호주로 다녀왔다. 남편 회사에서 단체로 가는 것이었고 여행사 패키지 상품이었으므로 우리가 일정을 짜거나 여행지에 대한 고민은 필요 없었다. 다만 떠나기 위한 결심만 하면 되었다. 여행을 즐기지 않는 내가 그 결심을 쉽게 했을 리가 없다. 흔쾌히 떠날 마음이 없었던 나는 여권 갱신을 차일피일 미루고 있었다. 그러던 어느 날 남편으로부터 통보가 왔다. 모월 모일에 여권 민원실에 방문 예약을 해놨으니 구비서류를 챙겨 가라는 것이었다. 이제 더 이상의 핑계는 부부 싸움이 될 것이 자명했기에 통보

대로 나는 움직일 수밖에 없었다.

여권 민원실에 도착했으나 주차장이 꽉 차서 들어갈 수 없다고 했다. 대낮에 이 넓은 주차장이 꽉 찬 이유가 무엇일까 싶었다. 주변에서 무슨 큰 행사라도 열리나 싶었지만 그러기에는 사위가 너무 조용했다. 들어가서 한 바퀴라도 돌면 자리가 나겠지 싶어 무조건 들어섰다. 두 바퀴째 도니 한 자리가 비어 얼른 주차를 하고 건물 안으로 갔다.

여권 민원실 입구에 도착해서 눈앞에 펼쳐진 현장을 보고 나는 남편에게 '당신 정말 훌륭하다'는 문자를 보냈다. 예약을 한 나는 십여 분 만에 민원 접수를 마치고 나왔지만 그렇지 않은 대다수 사람들은 기본 두세 시간을 대기해야 하는 상황이었기 때문이다. 내 뒤를 이어 들어오던 사람들도 모두 민원실 입구에서 "뜨아…." 소리를 내며 하나같이 난감한 표정을 지었다.

조그만 예약 번호표가 프리-패스권이라도 되는 듯 나는 일사천리로 여권을 갱신했다. 이후 아내를 떠밀기 위해 방문 예약을 했던 남편의 어깨는 한껏 힘이 들어갔다. '그것 봐라. 나만 믿고 가면 다 잘된다. 그러니 즐겁게 떠나자'는 남편의 꼬임에 나는 순순히 넘어가 주었다.

여권이란 건 참 신기하다. 손에 드는 순간 떠나지도 않았는데 이미 떠난 것만 같다. 짐도 싸지 않았는데 이미 비행기 앞에 있는 것만 같다. 세상 어디라도 갈 수 있다는 허가증이라도 손에 쥔 듯 그 빳빳한 질감에 가슴이 벅차오른다.

이제 가방을 쌀 차례였다. 낯섦에 대한 두려움은 제일 작은 파우치에 담아 여행 가방 안쪽에 집어넣었다. 호주에 대한 기대와 패키지 일행에 대한 궁금증도 담았다. 공항에서 길을 잃기도 했고, 비행기가 이륙할 때 두 손 두 발을 휘저으며 약간의 소란을 일으키기도 했지만 비교적 순조로웠다고 나는 주장하고 싶다.

출발과 도착을 이어주는 중매쟁이 공항

출발을 위해 공항으로 가던 우리는 하늘에서 땅으로 내려앉고 있는 비행기를 만났다. "와~ 비행기다!" 반가웠다. 저 안에 탄 사람들이 각자 가져왔을 소중한 추억을 생각하니 앞으로 우리가 담게 될 추억에 대한 기대가 차올라 설레기까지 했다. 공항 가는 길에 하늘에서 만난 비행기 덕분에 여행을 실감하기 시작했다.

공항에 도착하여 가이드를 찾았다. 손팻말을 들고 있는 젊은 남자가 여럿이었는데 그중에 우리 가이드를 찾는 건 남편의 몫이었다. 나도 남편도 패키지여행은 처음이라 둘 다 어리바리했지만 남편 회사에서 주관하는 여행이었으므로 아무래도 남편이 나서는 게 맞았다. 남편이 저벅저벅 다가가자 젊은이 중 한 명이 다가와 뭐라 물었고, 둘은 고개를 끄덕이며 악수를 했다. 우리 가이드를 찾은 모양이었다. 그리고는 주변의 몇몇 가족과 우리가 한 팀임을 확인했다. 이번 여행은 남편이 회사에서 장기 근속한 기념으로 받은 포상휴가와 같았고 남편과 같은 장기 근속자 가족 15팀이 이번 호주 여행의 일행이었다.

주변에서 패키지여행에 대해 말하길, 어떤 가이드를 만나느냐에 따라 여행의 차원이 달라진다고 했다. 패키지여행 경험이 없는 나로서는 좋은 가이드와 함께 행복한 여행을 하고 싶은 마음이었다. 이런 바람은 누구나 가질 것이지만 그래도 나름 첫 번째 패키지여행 아니던가. 처음이 좋으면 다 좋으리라는 기대에 한껏 부풀어 내 몸이 풍선이라면 살짝 떠오를 것 같았다. 공항 오는 길에 시작된 여행의 설렘까지 더해진다면 두두둥실 날아오를 판이었다.

다른 가족들이 속속 도착하는 중에 멀뚱하게 기다리기보다 차라리 발권이라도 하자 싶어 남편에게 표는 어떻게 하냐고 했더니 가이드에게 다시 물어보겠다며 그쪽으로 걸어갔다. 속으로는 아까 인사할 때 한꺼번에 물었으면 더 좋았겠다고 생각했지만 내색은 하지 않았다. 이번 여행과의 좋은 인연을 흔들고 싶지 않았다.

한참 설명을 듣고 온 남편이 셀프체크인을 해야 한다며 가방을 가지고 앞장섰다. 남편은 엄마 오리처럼, 우리는 새끼 오리처럼 한 줄로 이동했다. 발권 기계 앞에서 나는 나도 모르게 한 발 뒤로 물러섰다. 이런 건 남자가 하는 거라고 말했지만 사실은 자신 없었기 때문이다. 혹시나 일을 그르쳐 공항에서 만남만 가지고 그냥 집으로 돌아가면 어쩔까 하는 두려움도 있었다. 이런 나와 달리 기계 앞에서 차근차근 일을 진행하는 남편을 보았다. 맑은 청바지와 베이지 점퍼를 입고 척척박사님처럼 자연스레 기계와 소통하는 이 사람이 나의 남편이라니! 매우 의지가 되었다. 기계 앞에만 서면 얼음이 되는 나와는 달리 허둥대지 않고 차분하게 여권을 갖다 대고 버튼을 눌러 비행기 표를 받는 그가 멋져 보이기까지 했다. 이 남자와 결혼하길 참 잘했다는 생각을 했다.

20년 전, 우리가 결혼을 약속했을 때 내가 건 조건은

신혼여행이었다. 내가 원하는 신혼여행은 국내 일주였다. 해외는 싫다고 했다. 남편이 될 이 사람이 나에게 그 이유를 물었고, 나는 비행기가 너무 무섭다고 대답을 했다. 그는 알았다고 했다. 왜 그러냐고 따지지도 않았고, 노력해 보자고 설득하지도 않았다. 그렇게 우리는 결혼했고 강릉부터 대천까지 해안선을 따라 일주일간 여행했다. 신혼으로.

생각해 보니 그 후 공항에 온 적은 여러 번 있었지만 남편과 나, 막내 이렇게 세 식구만 온 것은 거의 처음이지 싶었다. 더군다나 마중이나 배웅의 목적이 아니라 우리의 여행을 위해 공항에 와서, 일행을 만나고, 비행기 표를 끊어 내 이름이 적힌 종이를 살랑살랑 흔들고 있는 나를 발견했다. 와. 나, 드디어 떠나는 건가? 순간 손바닥에 땀이 살짝 맺히는 것 같았다. 비행기를 타고 안전하게 이륙할 수 있을까 하는 걱정과 함께 새로운 곳을 향해 떠난다는 설렘이 뒤섞여 땀샘으로 나오는가 싶었다. 비행기 표를 여권에 끼워 가방에 넣은 뒤 손바닥을 허벅지에 대고 쓰윽 문질렀다. "나 지금 떨고 있니…?" 라는 과거 드라마 대사를 읊을 지경이었다. 우리의 인연이 태평양을 건너갈 준비를 하느라고 덜덜덜 긴장했나 보다. 긴장을 풀기 위해 나는 소설을 읽었고, 아이는 게임을 했다. 나의 소중한 인연인 그는 나와 아이를 앵글에 담으며 출발을 기다렸다.

내가 읽은 소설의 제목은 '다른 사람'이었다. 하필 여행에 들고 온 책이 다른 사람이라니. 예언과 같았다. 나는 이번 여행을 통해 다른 사람이 될 것이다. 패키지여행 해 본 사람 말이다. 그리고 또 뭐가 더 달라질 수 있는지 생각하고 있었다. 책은 들고 있으되 글은 읽는 둥 마는 둥이었다. 아직 긴장이 가라앉지 않았다. 아니 가라앉기는커녕 비행시간이 다가올수록 책 속의 글자들은 날개를 달고 비행기보다 먼저 이륙하는 것 같았다. 이건 마중인가 배웅인가…. 아~ 선발대구나! 먼저 나선 글자들을 따라 나도 이륙했다.

블루하지 않은 블루마운틴

이번 여행의 후보지가 여럿 있었는데 그중에 호주로 결정된 것은 막내의 간절한 바람 때문이었다. 막내에게 호주에 가고 싶은 이유를 물었더니 유칼립투스 잎을 먹는 코알라를 보고 싶다고 했다. 그래서 우리는 블루마운틴에서 코알라와의 만남을 잔뜩 기대하고 있었다. 거기는 유칼립투스 나무가 많을 테니까.

블루마운틴으로 향하는 버스에서 우리는 블루마운틴이 왜 '블루'인지에 대해 가이드의 설명을 듣고 알았다. 블루마운틴에는 여러 종류의 유칼립투스 나무들이 군락을 이루고 있으며 그 나무 자체에서 뿜어대는 특별한 물질 때문에 퍼렇게 보인다는 것이다. 조금 더 과학적으로 말하자면 태양 광선이 그 물질을 통과하면서 가시광선 즉 우리 눈에 그렇게 보이는 것이라고 했다. 마치 지구가 푸르게 보이는 것처럼.

이 대목에서 막내는 가만히 있을 수 없었다. 코알라를 볼 수 있냐고 물었고 가이드는 여기서는 볼 수 없다며 단박에 불가능하다고 말했다. 몇 년 전 호주에서 발생했던 큰불로 인해 코알라 대부분이 죽었으며 얼마 남지 않은 코알라를 특별히 보호하고 있다고 했다. 나중에 동물원에 들러 코알라를 만날 것이니 걱정하지 말라고 했다. 그 설명을 덧붙여 주지 않았다면 우리는 호주에 온 이유를 상실할 뻔했다.

더불어 그 산불 이후 호주는 자연보호에 더 각별하게 신경을 쓰고 있다고 하면서 주의사항을 일러주었다. 주의사항이라고 해봤자 자연을 보호하기 위한 기본예절이어서 특별히 어려운 건 없었다. 다만 흐린 날씨로 인해 자연보호보다는 블루마운틴을 못 보면 어쩌나 하는 걱정이 앞섰다. 파란 산은 본 적이 없었으니까. 산이라고 하면 보통 초록을 떠올린다. 사람에 따라 명도의 차이는 있겠지만 어쨌든 우리는 산을 그리라고 하면 Green을 먼저 집어든다. Blue가 아니라.

초록과 파랑의 경계가 모호할 때가 있기는 하다. 신호등이 대표적인 예다. 누군가는 당연히 파란불에 횡단보도를 건넌다고 생각하지만 알고 보면 파랑이 아니라 엄연한 녹색불이다. 또 녹색 테이프를 청테이프라고 부르는 것도 이름이 바뀐 것으로 따지자면 많이 이상한 노릇이었다. 그 누구도 "녹테이프 주세요."라고 하지 않고 "청테이프 주세요."라고 하는 걸 보면 파랑과 녹색의 사이가 그리 먼 건 아닌가 보다. 하지만 이건 신호등도 아닌, 테이프도 아닌 산 아닌가, 산! 산이 만약 초록을 벗어났다면 그건 계절의 차이일 수도 있다. 겨울산을 설산이라고 부르는 것처럼.

산의 색깔에 대한 이야기가 여기까지 오면 파랑이 산과 어울리기 어려운 색이라는 걸 부정할 수 없겠다. 그런데 유네스코를 비롯한 전세계인이 인정하는 블루한 산이라고 하니 나 혼자 아니라고 해서 될 일이 아니었다. 파란 산에 대한 가타부타를 따지기 위해서라도 블루마운틴과 어서 만나야 했다.

드디어 도착한 블루마운틴에는 비가 흩뿌리고 있었다. 비가 하늘에서 내리는 것이 아니라 누군가 거대한 분무기로 촤아악 촤아악 뿌리는 듯이 빗방울이 이쪽에서 저쪽으로 가로 방향으로 달리기하는 것 같았다. 가방에서 우산을 꺼내 쓰는 사람도 몇 있었지만 이내 다시 접어 넣을 수밖에 없는 날씨였다. 위가 아니라 옆에서 들이닥치는 비였으니까. 보이지 않는 분무기는 물방울만 뿌려대는 것이 아니라 바람까지 후후 불어대는 것 같았다.

'블루하지 않은' 블루마운틴을 바라보는 마음은 착잡했다. 오른쪽에서 불어와 나를 툭 치고 왼쪽으로 불어가는 바람을 맞으며 서 있었다. 속으로 '네가 정말 블루라면 나에게 그 블루를 보여줘.'라면서 서운한 마음을 담아 한숨을 내쉬었다. 순간 바람이 조금 세게 불었다. 내 한숨은 그저 조금 큰 숨이었을 뿐 이렇게 세지는 않았다. 이 바람은 어디서 불어오는 거지?

이곳 날씨는 원래 이렇게 변덕이 심하다고 하면서 가이드가 그 순간 수선을 피우며 사람들을 불러 모았다. 내가 서 있던 자리를 중심으로 우리 일행이 둘러섰다. 사람들이 모이면 모일수록 블루마운틴에 걸쳐있던 구름

들이 산을 타고 넘어갔다. 오…. 이것 때문에 사람들을 그렇게 요란하게 부르셨구나!

구름이 걷히면서 비도 멈추고 해가 쨍. 비추었다. 블루마운틴이 내가 속으로 한 말을 들은 건가? 아니 아니. 들었다면 블루한 모습이었을 것이다. 이건 블루에 대한 문제가 아니었다. 손에 잡힐 듯이 가까웠던 구름이 바람을 따라 점점 멀어지며 블루마운틴이 본모습을 드러냈다. 내 생전에 이렇게 넓은 풍경을 한눈에 담아 본 적이 있었던가! 어디부터 어디까지가 지구인지 의심스러울 정도였다. 원근법을 적용할 수 없는, 한계를 넘어선 모습이었다. 이 경치를 따라가다 보면 태양계를 훌쩍 넘어가고도 남음이 있을 것 같았다. 몇 km가 아니라 몇 광년인지 따져야 할 정도로. 블루마운틴은 산만을 말하는 것이 아니었다. 산을 가렸던 구름과 구름이 걷힌 후 어우러지는 하늘까지 모두 포함해서 블루마운틴이 완성되었다. 이래서 장관이라고 하는구나…. 라는 말이 절로 나왔다.

내가 지금껏 저장해 온 산의 색을 생각해 보았다. 사계절이 있는 우리나라는 그만큼 다양한 색의 산을 기억해 낼 수 있었다. 한껏 물이 차오른 봄의 색, 짙은 초록이

아지랑이로 피어나는 여름 색, 다채로운 꽃다발 같은 가을 색, 그리고 눈 덮인 겨울 색이 영화 필름처럼 착착착 장면을 바꾸며 떠올랐다. 호주 블루마운틴의 첫인상은 내가 알고 있던 산 중 여름 산과 비슷한 색이었지만 구름이 걷히고 햇빛과 만나 파랗게 빛나면서 블루마운틴의 고유한 본모습을 드러내기 시작했다. 생태계의 근본이자 그 자체가 되는 산에서 자연의 경이로움을 눈에 담았다.

눈은 눈대로 열일하는 사이 코도 쉴새 없이 킁킁거리고 있었다. 정확하게 말하자면 킁킁보다는 숨을 들이마시는 '흠흠'에 가까웠다. 색다른 향기 때문이었다. 가이드의 설명대로라면 유칼립투스 특유의 향이 바로 이것일 것이다. 코에서 계속 필터링 되고 있는 이것은 우리나라 산에서 맡을 수 있는 피톤치드와는 많이 달랐다. 솔잎 향과 비슷한 피톤치드는 산뜻하게 떠오르는 느낌으로 촉촉한 흙냄새가 섞여 있어 눈을 감으면 나무 등걸에 앉아 있는 듯하다. 하지만 유칼립투스 숲의 느낌은 좀 달랐다. 뭐랄까…. 약간 비릿하다고 해야 할까? 생선의 비린 것과는 다른 미끄덩하면서도 묵직한 향기였다.

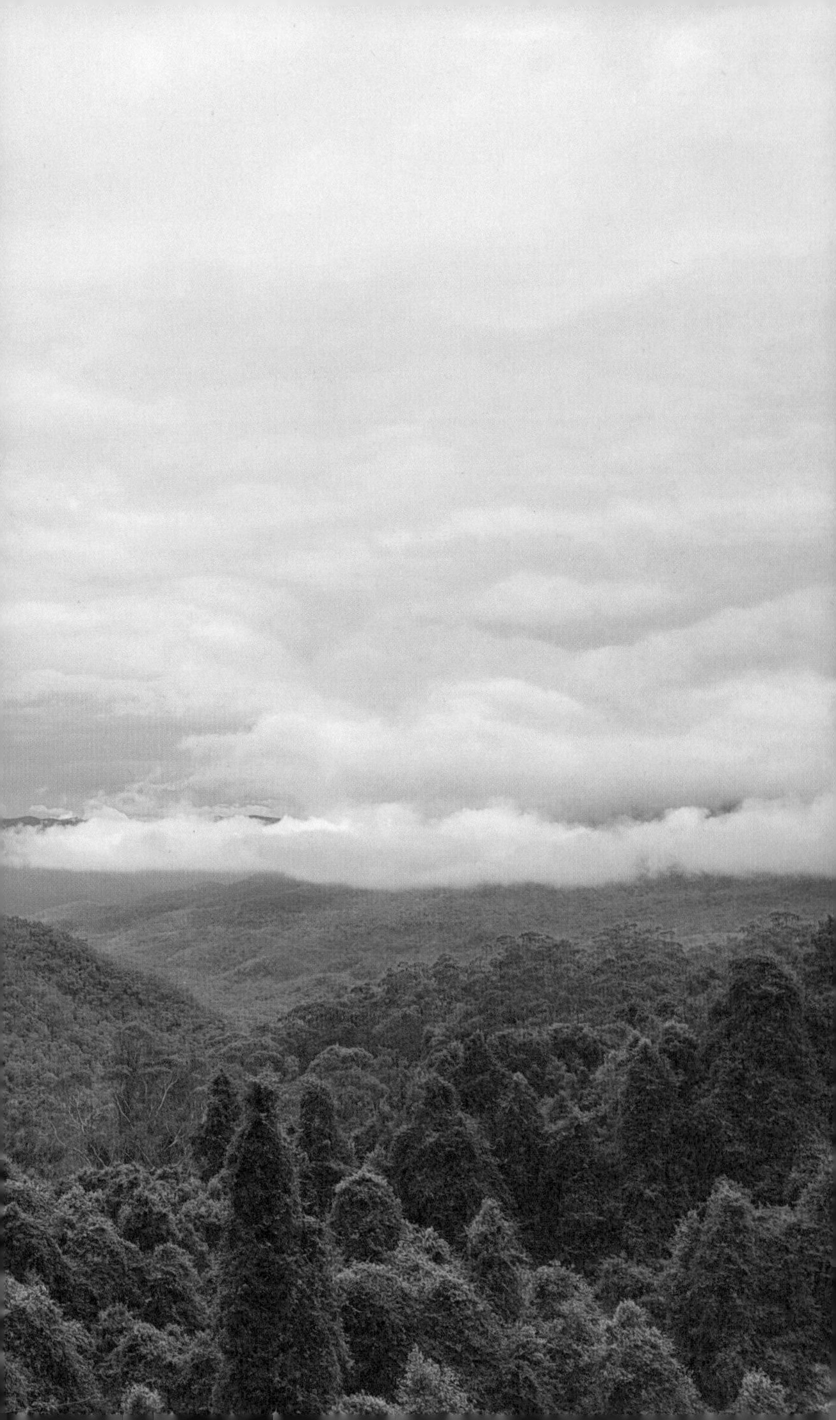

바로 이 성분 때문에 블루마운틴이 블루하게 보인다고 했을 것이다. 블루의 채도로 따진다면 굉장히 높은 채도로 표현될 수 있는 향기였다. 맑고 선명하고 무게감 있는 파란색에 비유하면 딱 좋을 유칼립투스 향기로 블루마운틴의 분위기가 완성되었다.

처음 발을 디뎠을 때 가득했던 비구름이 산 저편으로 완전히 넘어간 후 블루마운틴과 활짝 웃으며 작별 인사를 할 수 있었다. 다행이었다. 블루하지 않은 블루마운틴이 될 뻔했으니까. 블루마운틴은 역시 블루했다.

표지판으로의 여행

여행을 할 때면 나는 유난히 표지판을 살핀다. 처음엔 길을 잃고 싶지 않은 마음에 두리번거리며 표지판을 찾지만 찾다 보면 이것들의 모양과 색깔 그리고 쓰임새를 생각하게 된다. 어디에, 어떻게, 왜, 어쩌다 여기에 붙어 있게 되었는지 유추하다 보면 사람들의 다양한 삶을 상상하기에 이른다. 그래서 낯선 곳에서 표지판을 발견하고 기억하는 재미가 쏠쏠하다.

호주의 전봇대는 유칼립투스 나무다. 시멘트 같아 보이지만 모두 유칼립투스 나무를 깎아 세워 놓은 것이라고 했다. 워낙 단단하고 곧아서 전봇대뿐만 아니라 공원의 의자나 받침대 등으로 널리 사용되고 있었다. 알면 아는 만큼 보인다는 말이 맞았다. 주변에서 서 있거나 누워 있는 유칼립투스 나무를 쉽게 찾을 수 있었다. 껍질이 벗겨지고 휘발성 물질이 날아가면서 굳건해진 유칼립투스가 이 집과 저 집의 사이에서 여기가 어디쯤인지 숫자로 알려주고 있었다. 전봇대이면서 동시에 표지석이기도 한 기둥을 찰칵 찍었다.

전봇대 기둥을 찍으면서 그 뒤에 노란 네모가 눈에 띄었다. 확대해서 다시 초점을 잡으니 사유지이므로 들어오지 말라는 경고문이었다. 대문이 워낙 커서 그리고 활짝 열려 있어서 들어가는 사람들이 많은가 보다. 영어로 쓰여 있으니 나 같은 사람은 '우선멈춤'이었지만. 개인 사유지라는 이곳은 울타리 안쪽으로 꽃과 나무들이 울창하게 자라 있었다. 노랑, 빨강, 흰색 꽃들이 만개해 있었고, 열매가 막 달리기 시작한 과실수가 늘어서 있었다. 꽃의 종류도 종류지만 피고 지는 과정을 계산이나 한 듯이 식물의 한살이가 한눈에 들어오는 정원이었다. 이제 막 꽃대를 올리고 있는 아이리스와 노란 물감을 흩뿌려 놓은 것 같은 미나리아재비, 적갈색으로 물들어 바

닥에 떨어진 장미 꽃잎은 무지개보다 현란한 색감이었다. 게다가 감, 감나무도 있었다. 울타리 밖에서 보는 것이라 품종은 알 수 없었으나 납대대한 초록잎들 사이사이로 이제 막 익어가는 감들이 숨바꼭질하는 것처럼 보였다. 꼬마 감나무가 어른이 되려고 애쓴 결과 십여 개의 감을 달고 있었다. 나처럼 식물을 좋아하는 사람이라면 그 색깔에 홀려 저벅저벅 걸어 들어가고도 남음이 있겠다 싶었다.

누군가가 외국 거리가 아름답다고 느끼는 이유 중 하나는 간판의 글자를 읽지 못하기 때문이라고 했다. 문자를 해독할 수 없으니 그 의미보다는 문양으로 인식하여 간판이나 표지판을 마치 예술 작품처럼 느낀다는 설명을 들은 기억이 났다. 일리 있는 말이다. 그래서인지 표

지판들이 장난감처럼 재미있고 귀여웠다. 화살표의 모양이나 글자의 위치, 숫자들의 생김새를 보고 어렴풋이 이런 말이겠거니 짐작하는 재미가 있었다. 어렸을 적에 자막이 없는 외국 만화를 우연히 보았는데 어벙벙한 고양이가 꾀돌이 쥐에게 된통 당하는 장면에서 와하하 웃음을 터트렸었다. 말은 전혀 알아듣지 못했으나 그 상황이 재미있었고, 볼록한 볼을 실룩이며 짓는 표정이 정말 귀여웠었다. 그것처럼 외국 표지판은 이쁘고 독특했다.

특히 저벅저벅 걷는 듯한 노란 표지판은 거리 여기저기서 볼 수 있었다. 두 다리가 '걷고 있는 중'이라는 걸 누가 봐도 알 수 있을 만큼 한 발은 앞에서 신발 앞코를 들고 있고, 나머지 발은 뒤에서 뒤꿈치가 곧 내려와 표지판 밖으로 걸어 나올 것 같았다. "저기요, 다리님, 상

체는 어디 있나요?"라고 물어도 손색이 없을 표지판이었다. 그 길이 인도라는 표시일 건데 왜 그렇게 걷고 있는 표지판이 많았는지 모르겠다. 당시는 사진을 찍느라 바빠 그런 생각을 못 했었다. 누군가 호주에서 왔다고 하면 물어봐야겠다.

아니면 이걸 알아내기 위해 호주로 다시 갈까? 표지판을 위한 여행을 계획한다면 이건 아마 내가 세계 최초일 것 같다. 조그만 표지판을 보며 내가 어쩌면 세계 최초의 여행가일 수도 있다는 유쾌한 상상을 할 수 있는 건 여행이 주는 즐거움 중 하나다.

패키지 일정 중 해안가의 아름다운 절벽에 들른 적이 있었는데 눈에 띄는 표지판이 있어 가이드에게 물어보았다. 이 아름다운 곳에 희망과 도움에 대한 글이 왜 있

냐고 물었더니 바로 그 이유, 이곳이 너무 아름다운 까닭이라고 했다. 아름다운 곳에서 자신의 생을 마감하려는 사람이 종종 있어 사방을 24시간 살필 수 있는 감시카메라가 있으며 긴급하게 연락을 취할 수 있는 전화와 표지판도 있는 것이라고 했다.

아…. 정말 그럴 수 있겠구나. 아름다움에 대한 다른 시선을 떠올리며 주변을 다시 둘러보았다. 그 절벽 주변에는 키가 작은 나무와 다양한 들꽃들이 바닷바람을 따라 이쪽 저쪽으로 흔들리고 있었다.

인생을 살다 보면 그렇게 흔들리는 순간이 누구에게나 있다. 나도 이리저리 흔들리던 때가 있었고 어떤 때는 심한 바람이 불어와 아예 넘어지기도 했다. 철푸덕 넘어졌을 때 나를 살린 표지판은 사람이기도 했고, 책이기도 했다. 가족이나 친구가 없었을 때는 책을 붙잡고 일어났던 것 같다. 책을 붙잡고 있으면 시간이 나를 피해 가는 것 같았다. 나는 천천히, 세상은 빠르게. 상대적인 속도를 느끼며 그동안 나는 한숨 돌릴 수 있는 기회를 가졌다. 그러면서 툴툴 털고 일어나 다시 세상의 시간과 함께 흘러갔던 것 같다. 절벽에서 만난 표지판은 넘어진 많은 이들을 구할 것이다. 다만 그 자리에서 선명하게 읽히는 것만으로도 본연의 역할을 다 할 수 있을 것이다. 마치 책이 나에게 읽힌 것처럼.

그렇게 넘어졌을 때는 오른쪽 왼쪽을 둘러볼 여유도 없다. 당장 내 한 몸 건사하기도 힘든데 옆에서 무슨 일이 일어나는지 뭔 상관이람. 그냥 가는 거다. 저벅저벅. 뭐든 부여잡고 내 갈 길 가다 보면 나의 속도도 찾고, 내 길도 물론 찾을 수 있다.

APX
NO LEFT TURN
4AM-9AM
MON-SAT
APX

SUSSEX ST
City South
ONE WAY
NO RIGHT TURN

멀고 먼 이국의 땅 호주.

갈 길을 알려주는 다양한 표지판을 보며 나는 내 인생의 갈 길을 찾고 있는지도 몰랐다.

아는 맛과 모르는 맛

나는 먹성이 좋다. 쌀밥을 제일 좋아한다. 특히 수향미로 갓 지은 흰밥은 밥솥 뚜껑을 열자마자 주걱으로 살짝 떠먹는 순간이 최고다. 잡곡밥도 자주 먹는다. 크기도 맛도 다른 알갱이들이 입안에서 톡톡 터지는 건 마치 여의도 불꽃놀이처럼 화려한 맛이다. 밥뿐만 아니라 고기도 좋아하고 채소도 못지않게 즐기는 걸 보면 나에게 먹는 즐거움은 소중하다. 먹고 싶은 음식 순위에 들지 못하는 메뉴는 냄새가 심하거나 네 맛도 내 맛도 아닌 것이다. 예를 들면 제피가루 같은 것이다. 경상도에서는 생선 매운탕에 제피 가루를 듬뿍 넣어서 끓이는 경우가 많아 그 지방에서는 매운탕을 먹지 않는다.

여행 중에 물갈이를 하거나 음식이 입에 맞지 않아 고생했다는 말을 들어는 봤지만 나는 여지껏 그런 적이 없다. 웬만하면 모험을 하지 않고, 짐작이 가능한 맛을 주문하는 덕분이다. 아는 맛은 만족 또는 실망이면 충분하지만 모르는 맛은 먹지 못할 위험까지 감수해야 하기 때문이다.

호주에서 먹은 첫 번째 메뉴인 두툼한 스테이크에 대해서는 할 말이 많다. 하얀 접시에 양상추와 찐 단호박 그리고 스테이크…. 이게 다인가? 너무 성의 없는 거 아닌가? 소스야 각자 취향에 따라 선택하겠지만 곁들이는 채소가 너무 적은 게 아닌가 이 말이다. 오세아니아 대륙에서 받아든 첫 번째 접시라는 의미 부여를 하자니 조금 초라하다는 생각마저 들었다. 그래도 고기 아닌가, 소고기. 일단 먹어보자. 포크로 고기를 고정하고 칼로 쓰윽 썰기 시작했는데 '아! 이거, 이거, 맛있겠는데?' 느낌이 딱 왔다. 내 느낌은 틀리지 않았다. 소스도 필요 없을 만큼 맛있었다. 두툼한 고기가 입안에서 '풍년이요!' 소리치는 것 같았다. 워낙 기름 없는 부위를 좋아해서 입맛에

딱 맞았던 것일까. 적당한 육즙이 씹을 때마다 쭉쭉 나왔다. 양상추와 단호박은 태평양 건너에서 먹어서 그런지 외국 맛이 났다. 허허. 농담이다. 딱 내가 아는 맛이었다. 모르는 맛은 소스였다. 고기가 워낙 맛있어서 모르는 맛의 소스에는 도전할 생각이 없었다. 이미 기준을 넘어 충분히 통과한 끼니였다. 아는 고기와 아는 채소가.

오스트레일리아는 남반구에 있고 우리는 북반구에 있어 계절이 반대일 뿐 비슷한 기후다. 그래서인지 음식이 엄청 색다르거나 놀랄 만한 것은 없었다. 아마도 이건 우리 식생활이 이미 세계화되어서 그런 것일 수도 있다. 여하튼 일정 중에 먹은 피시앤칩스, 선상 디너, 호텔 뷔페 등 모두 배를 두드리며 먹었다. 포만감에 행복했다.

호텔 조식은 못 먹었다. 정확하게 말하자면 안 먹었다. 점심과 저녁 메뉴가 워낙 푸짐해서 아침부터 배부르게 나서는 것이 부담스러웠기 때문이다. 하지만 우리 다 알지 않나…. 호텔 조식의 맛을! 여행 마지막 날 나는 결국 아는 맛의 유혹을 뿌리치지 못했다. 어차피 마지막 날이라는 생각으로 '그래, 막 가보자. 막 먹어보자.' 담았다. 커피는 당연히 선두주자, 샐러드는 건강을 위해, 요거트와 멜론은 상큼한 아침이니까, 탄수화물이 빠지면 섭섭하니 빵도 굽고, 카메라 앵글에 담지 못한 주스와 베리가 더 있다는 건 안 비밀이다.

호주 여행에서는 아는 맛 천지여서 행복했고, 모르는 맛이 조금 있어서 아쉽기도 했다. 모르는 맛 중에 궁금했던 것은 술맛이었다. 와이너리에서 고급 와인이라며 맛을 보여줬는데 일행들은 '와~' 감탄을 하며 지갑을 열었다. 나는 시음하라고 준 것도 다 못 마셨다. 맛이 있는지 없는지 알아야 말이지. 이거야말로 진정 모르는 맛이었다. 일명 보리밭에만 가도 취하는 사람이 나다. 색깔도 너무 예쁘고 와인의 고급스러운 이런저런 특징이 있다는데 나는 도통 모르는 맛이라 아이스크림만 사 먹었다. 아이스크림 계의 스테디셀러, 바닐라 맛으로. 다들 아는 맛으로.

언제쯤 나는 모르는 맛도 용감하게 도전해볼 수 있을까? 다음 여행에서라면 좀 더 가능하지 않을까? 어디일지 모르겠지만 그때에는 아는 맛 더하기 모르는 맛의 세계를 제대로 한번 경험해 보고 싶다. 바닐라맛 같은 것 말고 새로운 맛으로.

당신 덕분

이번 여행은 '당신' 덕분이었다. 나의 당신은 남편이다. 다른 당신이 있을 리 만무하지만 이렇게라도 한번 띄워주고 싶어서 강조한다. 남편은 20년차 직장인이다. 한 회사에서 오랫동안 근무하다 보니 '장기근속'이라는 타이틀이 붙었고, 장기근속자들을 위한 해외여행이 제공되었다. 부부 동반이었으며 자녀는 경비만 낸다면 얼마든지 동반할 수 있는 특전이 있었다.

내가 워낙 비행기를 무서워해서 신혼여행조차도 국내일주를 한 우리가 이런 기회가 아니면 절대 해외여행을 할 리가 없다는 걸 남편은 알았을 것이다. 그러므로 무조

건 가야 한다고 했다. 패키지여행이고 한 팀 당 십여 가족만으로 구성되므로 조용하고 알찬 시간이 될 것이라고 나를 설득했다. 그래서 결국 하늘을 날게 된 것이다.

패키지 일행은 직원 한 명에 아내 혹은 아내와 자녀가 있는 2~3인 가족들이었다. 4인 가족과 5인 가족도 있었는데 이 가족에 속한 자녀들은 모두 장성한 아이들이라 부럽기도 했다. 그 나이에 가족 여행이 반갑지만은 않았을 텐데 수고한 아버지를 위해 나선 그 마음이 짐작되었기 때문이다. 나는 모두 초면이었고, 남편도 겨우 얼굴만 아는 몇을 제외하고는 낯설다고 했다. 얼굴은 모르더라도 한 회사 사람들이라 그랬는지 여행 일정 내내 배려하고 기억해 주는 미덕이 가득했다.

첫날 호텔 로비에서 각자 캐리어를 찾고 방을 배정받는 동안 각 가정에 선물로 와인을 나눠 준다고 시간이 조금 지체되었다. 우리는 일찌감치 선물을 받고 방으로 올라가려고 엘리베이터 앞에 줄을 섰다. 그런데 호텔 로비 조명이 밝아서 그런지 캐리어 색깔이 약간 달라진 것 같았다. 아하…. 자세히 살펴보니 내 것이 아니었다. 다시 로비로 걸어 나와 캐리어를 찾았다. 버스 뒤쪽에 앉아 있던 중년의 부부가 내 캐리어를 잡고 있었다. 아내에게 다가가 말을 걸었다.

저기요, 안녕하세요?

네. 호호.

우리 캐리어가 서로 바뀐 것 같아요.

어머! 정말요? 아이고, 그렇네!

여기요. 제 건 가져갈게요. 호호.

아이고 어쩌다 바뀌었을까!

금방 찾았는데요, 뭘. 편히 쉬세요.

네. 내일 만나요.

서로 실례했다며 각자 주인을 찾은 캐리어를 끌고 방으로 갔다. 호텔 방은 뭐 특별한 건 없었다. 있을 건 있었고, 없는 건 뭔지 몰랐다. 내가 호텔에 언제 와 봤어야 말이지. 그리고 자연스레 TV를 켰다. 어? 화면이 이상하다. 아는 글자가 나오는 것 같은데? 눈을 크게 뜨고 다시 또박또박 읽었다.

미스터 김종대! 우와~ 종대씨 이름이 있어!

어디?

여기 테레비에!

정말?

우와~~~ 우리 종대씨 정말 대단하다! 자그마치 호주 테레비에 나오는 사람이었어!

양말을 벗던 남편은 정말 그렇냐며 화면을 확인했고 이름을 보고는 어깨를 으쓱했다. 내가 너무 호들갑을 떨었는지 그는 양말을 마저 벗고 머쓱해하며 채널을 돌렸다. 나는 남편의 어깨를 쓰다듬으며 20년 동안 수고했다고 그리고 고맙다고 인사를 했다.

회사에서 수고를 치하하는 '20년'은 사실 우리 부부에게도 기념할 만한 일이다. 딱 20년 전에 이 남자가 나에게 결혼하자고 했기 때문이다. 손으로 쓴 편지를 낭독하며 청혼을 했는데 편지지가 덜덜덜 떨렸다. 그만큼 긴장했겠지. 내 심장은 이미 몸 밖으로 나와 바닥을 데굴데굴 구르는 것 같았으니까 나도 떨긴 마찬가지였다. 20년 전에 이 남자와 내가 결혼을 약속했었다.

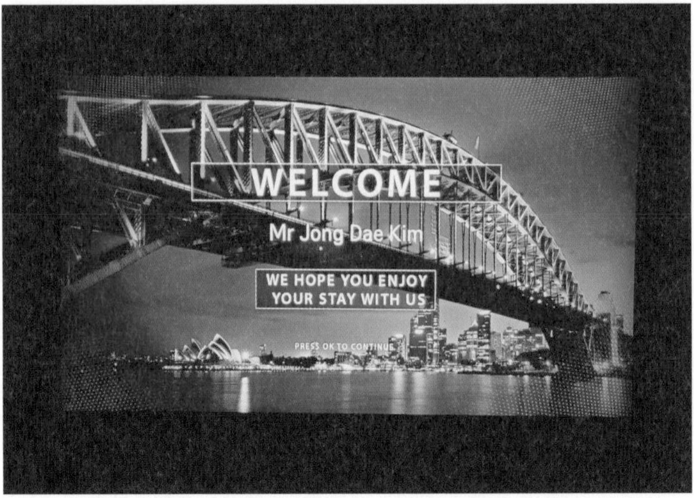

우리는 소개로 만났는데 세 번째 만난 날이었던가? 네 번째 만난 날이었던가? 우리가 결혼할 것이라는 걸 직감했다. 나는 직장과 집을 벗어나지 않는 집순이였고, 이 남자는 각종 동호회를 휩쓸고 다니는 밖돌이였다. 달라도 너무 달랐던 우리는 결혼하고자 하는 이유도 역시 같지 않았다. 나는 이 남자와 결혼하면 내 삶에 활기를 불어넣을 수 있겠다고 생각했고, 이 남자는 나와 결혼하면 안정감 있는 가정을 꾸릴 수 있겠다는 확신이 섰다고 한다. 바꿔 말하자면 활기에 자신 있었던 남자와 안정감에 자신 있었던 여자가 각자의 역할에 충실할 것이라는 기대로 만난 것이다.

물론 결혼생활 20년 동안 그 기대를 저버린 일은 수도 없이 많았다. 말해 무엇하리 내 입만 아프게. 그리고 이건 상대방도 마찬가지일 것이다. 그도 나도 입 아플 일은 피차 하지 않는 것이 상책이라는 것 정도는 안다. 그래서 TV 화면에 크게 박혀 있는 그의 이름을 힘차게 불렀다. 이번 여행이 내 삶에 불어넣고 있는 활기는 형언할 수 없을 정도로 크고 벅찼다. 본인의 역할을 충분히 수행하고 있는 Mr. Jong Dae Kim 덕분에 생명력 넘치는 시간을 선물 받았다.

너 때문

처음 만난 사람들이 낯선 곳에서 단체로 움직이다 보면 불협화음이 나기 마련이라지만 우리는 그렇지 않았다. 물론 내 기억에 의존한 기록이기도 하지만 무엇보다 남편 회사 임직원과 그 가족들이었으므로 서로 조심하는 부분도 없지 않았던 것 같다. 우리를 안내했던 여행사의 인솔자도 매년 장기근속자를 위한 프로그램을 진행한 경력으로 능수능란했기 때문에 애초에 불만족할 일이 별로 없기도 했다.

다만 가족 간의 다른 분위기는 종종 느낄 수 있었다. 예를 들어 남편과 나는 둘이 얘기를 많이 하는 편이었지만 대부분 소곤거리는 대화였다. 내가 부끄러움이 많아 작은 소리로 물으면 남편은 나와 비슷한 톤으로 대답을 하는 식이었기 때문이다. 막내는 눈을 맞추며 고개를 끄덕이거나 옆으로 저으며 Yes, No를 전했으므로 목소리 낼 일이 거의 없었다.

버스 앞쪽에 앉은 3인 가족도 우리와 비슷한 분위기였다. 고등학생 딸아이를 데리고 온 부부였는데 세 사람 모두 큰 키에 챙모자를 쓰고 성큼성큼 걸어 다녔던 모습으로 기억된다. 한 번은 같은 테이블에서 밥을 먹을 기회가 있어 물어보았는데 외동딸이라고 했고 딸아이 사춘기가 지나 지금은 너무 행복하다면서 나에게 힘내라고 응원의 몸짓을 전하기도 했다. 오른손을 들어 팔꿈치를 아래로 쭉 내리며 아주 조용했지만 강력하게. 그 가족은 밥을 먹을 때도 관광을 할 때도 입을 꾹 다문 채 서로의 눈빛을 교환하며 대부분의 의사소통을 하는 것 같았다.

활발한 초등학생 둘을 데리고 온 4인 가족이 유독 눈에 띄었는데 아이들도 아이들이었지만 부부 모두 목소리가 아주 컸기 때문이었다. 관광지에 대한 설명을 할 때면 늘 손을 번쩍 들고 질문을 했다. 마이크 따위는 필요 없었다. 쩌렁쩌렁하게 물으면 가이드가 마이크에 대고 설명을 추가했다. 원래 목소리가 큰 사람이었고 상스러운 말을 하거나 분위기를 해치는 일은 없었다. 오히려 주위를 집중시키는 역할을 했으므로 종종 분위기 메이커가 되었다.

포트 스테판에서 가장 많이 미끄러지는 사람에게 선물을 준다는 말을 듣고 그 가족은 작전 회의를 했다. 우리는 그 작전을 모두 들을 수밖에 없었다. 들렸으니까. 아빠가 1등을 하고 아들이 2등, 딸이 3등을 하기로 했다. 엄마는 혹시 모르니까 4등을 하기로 했다. 전혀 비밀스럽지 않은 가족 회의를 한 후 그 아빠는 가이드에게 '우리 가족이 1, 2, 3등을 모두 해도 되냐'라고 물었다. 가이드는 '파이팅!'이라면서 응원으로 답을 대신했다.

포트 스테판에서 남는 건 사진뿐이라면서 가이드는 우리더러 힘차게 뛰어오르라고 주문을 했고, 우리는 개구리처럼 폴짝폴짝 발을 굴렀다. 다른 가족들도 마찬가지였다. 그리고 '멀리 미끄러지기 대회'에서 많은 이들이 승부욕을 불태운 결과 나의 막내가 1등, 누군가 2등, 또 다른 누군가가 3등을 했다. 참고로 4등은 남편이었다.

아까 분주하게 작전 회의를 하던 그 가족은 순위에 들지 못했다. 저쪽에서 "너 때문이야!"라는 소리가 들렸다. 좀 더 미끄러지지 못한 아쉬움을 '너 때문'이라는 말로 대신하는 것 같았다. 그렇다고 그 가족이 서로를 헐뜯으며 싸웠다는 말은 아니다. 다만 와하하 웃으며 즐겁게 모래사구를 올랐던 것과는 사뭇 다른 모습으로 그 일정을 마무리하는 것이 조금 아쉬웠을 뿐이었다.

내가 이 여행을 '당신 덕분'이라고 생각해서였을까? 멀리서 들려오는 '너 때문'이라는 단어가 귀에 쏙쏙 박혔다. 유리잔에 물이 반 있는 걸 보고 누군가는 "물이 반밖에 없네?"라고 하며, 다른 누군가는 "물이 반이나 남았네?"라고 한다. 물 반 잔을 어떻게 볼 것인지는 내가 결정하는 것이다. 다시 말해 관점은 내가 사물을 어떻게 대하느냐에 따라 달라진다. 당신 덕분이라고 할지 너 때문이라고 할지 그 갈림길에서 나는 '당신 덕분' 쪽으로 정했다. 호주까지 와서 4등이나 한 당신 덕분에 웃을 수 있었으니까.

그의 1초

지금 우리는 본다이 비치로 가고 있습니다.

본다이? 일정표에서 본 것도 같고 아닌 것도 같은 이름이었다. 핸드폰을 열어 확인해 볼까 하다가 그만두었다. 일정표에 이름이 있어도 없어도 우리는 이미 본다이 비치로 향하고 있으니 의미가 없었다. 내가 할 것은 일정 확인이 아니라 해변을 즐기는 것이라고 생각했다. 가이드는 본다이가 바위에 부딪혀 부서지는 파도라는 뜻이라고 알려주며 그만큼 호주에서 유명한 곳이니 마음껏 즐기라고 했다. 가이드가 내 속엣말을 들었나?

창밖으로 바다가 보이는지 살피다가 아이와 눈이 마주

쳤다. 아이가 나에게 윗도리의 지퍼를 내리며 말하길.

엄마. 나 옷 벗어도 돼?

옷? 왜?

해변이잖아.

너 안에 뭐 입었어?

이거.

'이거'라며 보여주는 아이의 옷은 끈밖에 없는 까만 민소매였다. 나는 이것을 속옷으로 여기고 있었다. 흔히 우리는 이걸 끈나시라고 부른다. 그리고 우리는 끈나시를 속옷으로 입지 겉에 입지 않는다. 두말할 여지가 없는 속옷을 입고 해변을 돌아다니겠다고 하는 딸내미를 과연 어째야 한단 말인가! 옆에 앉은 남편의 옆구리를 쿡쿡 찔렀다.

종대씨. 주원이 좀 봐.

왜?

이거 벗고 끈나시 입고 나가겠대.

그래?

어~! 종대씨가 말 좀 해 봐요.

그러라고 해.

…뭐?

그러라고 해.

나는 어이가 없었다. 이걸 말려도 벌써 말렸어야 하는 사람이 되레 그러라고 하다니…. 이해가 되지 않았다. 이 사람이 과연 내가 아는 나의 남편이 맞는지 의심스러웠다. 아이는 아빠의 허락이 떨어진 마당에 못 할 게 없다는 듯이 내리다만 나머지 지퍼를 열고 옷을 훌러덩 벗었다. 내 딸아이의 속살이 쨍 빛나는 것 같았다. 마치 형광등이 켜진 것처럼 버스 안이 밝아졌다. 그 때문에 나는 어지러웠다. 저러고 밖에를 나간다고? 이 상황을 '그러라고 해'라고 한 남편을 째려보았으나 그는 알 수 없는 표정으로 본다이 비치를 바라보고 있었다.

버스에서 내려 만난 본다이 비치는 아름다웠다. 호주 최고의 관광지라더니 역시 이름에 걸맞은 곳이었다. 파도가 차르르 차르르 부서지는 모습이 이국적이면서도 어디선가 본 듯했다. 삼면이 바다인 우리나라의 해변과 비교했을 때 두 가지가 달랐다. 호주는 해변에 음식물을 가지고 들어가지 못한다고 한다. 그래서 해변에 불꽃놀이 흔적도 플라스틱병 하나도 볼 수 없었다. 또 다른 하나는 사람들이었다. 딸아이처럼 훌러덩 훌러덩 벗은 사람들이 대부분이었다. 나처럼 꽁꽁 싸맨 이들은 우리 일행뿐이었다.

아이는 해변에서 이질감 없이 섞여 있었다. 우리 일행으로부터 벗어나 멀리까지 산책을 하고 오는 것 같았다. 아이가 물에 들어가지도 않았고 그냥 모래를 밟으며 한 방향으로 걸어가는 뒷모습을 확인했다. 어느 순간엔가 되돌아오는 아이를 보았으나 언뜻 언뜻 시야에서 사라지기도 했다. 그럴 때는 현지인들과 섞여 누가 누군지 알아볼 수 없었지만 이내 휘날리는 까만 머리칼로 딸아이를 구분할 수 있었다.

본다이 비치에서 현지인들과 섞여 있는 막내를 보고 있자니 이 아이가 앞으로 나와 멀리 떨어져서 살 수도 있겠다 싶었다. 그런 삶이 이 아이에게 잘 어울릴 수도 있겠다는 생각도 했다. 이 딸은 어디서나 그 분위기를

읽고 소리 소문 없이 스며들어 잘 어울린다는 피드백을 받았던 아이이다. 그러니 확실히 나와는 다르게, 아니 나보다 더 낫게 살아갈 것이니 걱정말라고 본다이의 파도도 나에게 말하는 것 같았다.

그날 밤까지 본다이 비치의 파도 소리가 귓가에서 맴돌았다. 이국적인 풍경에서 내 아이가 도드라졌다가 스며들었다가를 반복했던 장면을 떠올리며 남편에게 아이의 옷에 대한 질문을 했다.

아까 주원이 옷 벗는 거 왜 허락했어?

본다이 비치에서?

응. 고민도 않더라.

아니야, 엄청 고민했어.

거짓말. 1초도 안 걸리더만!

내가 그 1초 동안 얼마나 많은 고민을 한 줄 알아? 애가 옷을 벗고 나가겠다는데 깜짝 놀라기도 놀랐고, 태평양 건너 여기까지 온 마당에 안 된다고 하면 애 맘 상할까 걱정도 되고, 호주까지 와서 꽁꽁 싸매고 있으라고 할 수도 없는 노릇이고, 우리랑 세대가 달라도 한참 다른데 이걸 허락해야 하나 말아야 하나 엄청 고민했다고~! 그 1초 동안!

나는 정말 몰랐다. 그가 대답한 1초가 그렇게 깊은 번뇌로 차 있을 거라고는 상상도 하지 못했다. 그냥 쿨하게 허락한 줄 알았더니 나보다 더 많은 경우의 수를 떠올렸고 겨우 내뱉은 말이 '그러라고 해'였던 것이다. 그래서 알 수 없는 표정을 지었었구나! 과정이야 어찌 되었든 딸아이의 끈나시를 허락하길 참 잘했다.

어쩌면 우리 부부도 '나만의 세계'에 갇혀 수없이 많은 '나만의 룰'을 만들고 살아왔던 건 아닐까. 지구 반대쪽에서, 그것도 가슴이 뻥 뚫리는 아름다운 비치에서 보낸 시간을 생각해 보면 그 모든 것이 별 것 아니게 느껴졌다. 한 번쯤 내가 갇혀있었던 세상도, 내가 만들어온 룰도, 다 뒤집어버려도 좋겠다는 생각이 들었다. 이래서 여행을 하나 보다. 그깟 끈나시가 뭐라고. 그 순간 내 딸의 자유로움을 향한 감정이 만 배쯤 더 중요했는데 말이다. 그리고 그 자유로움을, 그 시간을 나 역시 꿈결같이 느끼고 있었다.

겉멋 든 운동

나는 네가 공책 받아오는 게 소원이다.

할아버지는 운동회날 아침이면 나에게 소원을 말씀하셨다. 운동회 달리기에서 1등을 하면 공책 3권, 2등은 2권, 3등은 한 권을 줬는데 나는 국민학교 6년 내내 공책은커녕 달리기 꼴등은 따 놓은 당상이었다. 중학교 때는 나의 예사롭지 않은 몸놀림을 눈치채신 선생님이 운동회 응원 담당으로 배정해 주셔서 대부분 종목에서 빠질 수 있었다. 고등학교 때는 체력장 점수가 필요하다고 해서 크게 걱정했지만 막상 그날이 되어서는 선생님들이 다리를 잡아 주시거나 숫자를 슬쩍 올려서 적어 주신 덕분에 가까스로 평균을 맞출 수 있었다.

할아버지의 소원과 전혀 상관이 없었던 나는 운동을 못해도 못해도 이렇게 못할까 싶었다. 성인이 되어서는 운동과 담을 쌓고 살았다. 어쩌면 이건 당연한 수순이었다. 못해서 안 하고, 안 해서 못했으니까. 닭이 먼저인지 달걀이 먼저인지 따지는 것과 비슷했다. 어쨌든 닭은 알을 낳았고, 나는 운동을 못했다.

그런 내가 결혼을 해서 아이를 낳고 낳고 또 낳았다. 삼 남매를 키우다 보니 몸을 바지런히 움직여야 먹일 수 있었고 입힐 수 있었다. 이건 운동 능력과는 상관없는 단지 움직임일 뿐이었다. 내 몸에 있는 관절들이 삐거덕거리기는 해도 팔과 다리를 움직이는 데 큰 어려움은 없었다. 하지만 이것도 나이가 들수록 여기가 또는 저기가 아프기 시작했고 결국 의사로부터 운동을 좀 해야 한다는 진단을 받기에 이르렀다.

숨쉬기 말고 다른 운동을 해 보긴 했던가. 어떤 운동을 해야 할지 종목부터 고민이었다. 처음 선택한 것은 수영이었다. 하필 수영이었다. 7살에 물에 빠져 죽을 고비를 넘기고 평생 물에는 들어가지 않을 것이리라 결심했지만 그것도 40년쯤 지나니 퇴색되었다. 당장에 내 건강이 우선이었으니 수영복을 사 들고 수영장으로 갔다. 나의 배움은 많이 더뎠고, 강사는 더 많이 답답했을 것이다. 다른 이들은 중급반으로 올라갔지만 나는 유급을 거듭했다. 그때 강사는 나에게 그만두지 않아서 고맙다고 했는데 이게 정말 고마움의 인사였는지는 아직도 모르겠다. 다음 종목은 달리기였다. 코로나 팬데믹으로 수영장이 문을 닫았고 다른 종목도 마찬가지였다. 혼자서도 할 수 있는 실외 운동을 찾다 보니 달리기밖에 없었다.

이로써 나는 수영과 달리기를 할 수 있게 되었다. 유난히 몸을 움직이는 배움이 늦었기에 재미를 느끼기도 어려웠다. 그래서 슬럼프도 자주 왔는데 이를 극복할 수 있었던 것은 장비 욕심이었다. 수영을 그만두고 싶은 마음이 들 때마다 수영복이나 물안경을 샀다. 수영가방을 바꾸기도 했다. 달리기는 암밴드와 버프, 레깅스를 장만하며 운동을 이어갔다.

비록 집 주변에서 하는 운동이었지만 아무것도 못 하던 내가 운동 능력자(두 종목씩이나!)가 되었으니 호주에서 이걸 뽐내고 싶은 건 당연한 게 아니겠나. 짐을 쌀 때 나는 수영복과 레깅스를 제일 먼저 챙겼다. 색깔과 길이를 조합해서 두 벌씩 챙겼다. 호텔 수영장은 어떻게 생겼을까? 러닝머신은 있겠지? 외국인들 사이에서 나 잘 뛸 수 있을까? 별의별 생각을 다했다.

호텔 수영장과 피트니스 센터는 맨 위층에 있다고 했다. 새벽 6시에 문을 연다고 했는데 너무 긴장했는지 기대했는지 다섯시 반부터 그 앞에서 기다리고 앉아 있었다. 눈이 퉁퉁 부었는데도 수영장만은 가야 한다고 새벽부터 설쳤던 것이다. 옆에서 남편이.

여보. 수영 정말 할 거야?

그럼. 나 데려다줄 거지? 같이 할 거지?

데려다만 줄게. 혼자 해. 나 졸려.

알았어. 데려다만 줘도 돼.

수영장으로 입장하는 복도에 좌르르 켜진 조명이 마치 영화제에 깔린 레드카펫 같았다. 새벽녘 고요한 복도를 걷는 소리가 이런 것이었다니…. 이렇게 설레기 있기? 없기? 문을 열고 들어간 새벽 수영장은 한가했다. 나 혼

자였다. 아차차. 옆에 남편이 있었지! 레드 카펫을 상상하느라고 옆지기를 깜박하고 있었다. 그는 수행원처럼 나를 에스코트했고 나는 수영을 시작했다. 풀을 혼자서 독차지하는 기분은 아까 레드카펫 밟고 들어와 마이크 앞에 서서 수상 소감을 말하는 것 같았다. 나의 수상 소감은 '자~평~접~배'였다.

수영을 하고 조식을 먹는 동안 나의 어깨는 말할 수 없는 자부심으로 가득했다. 속으로는 '나 수영하고 온 여자야!'라고 말하고 있었다. 누가 묻지도 않았는데 말이다. 혹여 누가 묻기라도 한다면 그렇게 대답했을까? 이런 상상을 하는 걸 보니 나의 운동은 겉멋이 든 게 확실했다.

수영장 옆 피트니스 센터에는 러닝 머신과 다른 운동기구들이 즐비하게 늘어서 있었는데 내가 할 줄 아는 거라고는 달리기밖에 없었으니 저녁에는 레깅스를 입고 달리기를 했다. 운동한다는 표를 내고 싶기는 한데 훤칠한 외국인들 사이에서 혼자 뛸 자신은 없어서 이때도 남편을 대동했다.

종대씨. 우리 좀 뛸까?

안 힘들어?

힘들어. 조금만 뛰면 잠도 잘 올 거야.

조금만이다.

어. 잠깐만 뛰고 오자. 운동한 티만 내자.

운동한 티를 내기 위해 수영도 하고 러닝머신도 뛰었다. 러닝머신을 뛰면서 정면 창밖으로 펼쳐진 시드니 야경을 바라보니 이제는 밖에서 신선한 공기를 쐬며 조깅을 하고 싶었다. 외국 드라마에서 여주인공이 브라탑을 입고 뛰는 모습이 생각났고, 그 여배우 얼굴 위에 내 얼굴을 오버랩했더니 내일 당장 시드니 새벽을 가르며 뛰어야만 했다.

종대씨. 우리 내일은 달링하버를 달리자.

언제?

새벽에.

당신, 운동을 좋아하게 된 거야?

글쎄. 그건 잘 모르겠는데….

근데?

운동하는 모습을 뽐내고 싶기는 해.

겉멋이 들어도 단단히 들었구만.

처음에는 정말 꾸역꾸역 시작한 운동이었는데 호주까지 가서 호텔 수영장과 달링하버를 뛰며 알았다. 운동은 역시 겉멋이라는걸.

내 말 네 말

호주는 대한민국보다 77배나 넓은 나라다. 77이라는 숫자의 감은 없었지만 땅덩어리가 넓다는 건 분명히 알 수 있었다. 이쪽을 봐도 저쪽을 봐도 속이 뻥 뚫릴 만큼 광활했으니까. 국토는 넓은데 인구는 우리나라의 절반밖에 되지 않으니 훨씬 더 여유로워 보였다. 시드니도 중심부만 사람이 북적였을 뿐 시내를 조금만 벗어나도 한가로운 분위기였다. 달링하버의 호텔에서 10분만 달려도 도로가 한산해지면서 여느 시골 마을 같은 정경을 쉽게 만날 수 있었다.

여행 둘째날 이름이 기억나지 않는 공원에 갔었다. 아

마 일정과 일정 사이에 시간이 약간 남아 들렀지 싶다. 시드니를 굉장히 사랑한 어떤 사람이 이 땅을 기부하면서 내건 조건은 건물을 지어서도 안 되고 영리활동을 해서도 안 된다는 것이었기에 부득불 공원을 조성할 수밖에 없었다고 한다.

이 공원은 지대가 약간 높아 시드니가 한눈에 보일 만큼 입지가 좋았다. 우리나라로 치면 노른자 땅이라고 할 수 있겠지만 그에 비해 집들은 기와지붕에 높아 봤자 2층의 단독주택들이었다. 가이드의 설명에 의하면 이 동네는 주민의 연령층이 높아 노인들의 거주 편의를 위해 높은 집을 짓지 않는다고 했다. 아…. 그러고 보니 공원 끝자락에서 본 Par-Three 골프장이 생각났다. 물론 공을 치는 사람들은 모두 어르신들이었다. 노인복지가 잘 되어 있다는 건 알고 있었지만 이렇게 직접 보니 우리나라도 그랬으면 하고 부러운 생각이 들었다.

노인복지로 물꼬를 튼 대화는 우리나라의 복지 제도와 호주의 제도를 비교하기에 이르렀고, 각 나라의 장점과 단점들이 도마 위에 올랐으며, 이런 경우 십중팔구 그렇듯이 우리나라의 교육 제도에 대한 이야기로 귀결되었

다. 특히 우리 일행 대부분이 학령기 자녀를 키우고 있었으므로 내 아이 네 아이 가리지 않고 모두에게 해당되는 이야기라 버스에 타서 이동하면서도 일부는 대화를 이어갔다.

나는 대화에 참여하지도 않으면서 양쪽 귀를 펄럭이면서 들었다. 나라고 아이들 교육에 왜 관심이 없을까. 단지 말을 섞기가 부끄러워 시선은 창밖에, 귀는 카더라 통신에 주파수를 맞추고 있었다. 그런데 어느 순간 그들의 말이 들리지 않았다. 내 시야에 잡힌 풍경이 너무 아름다웠기 때문이다. 시각이 청각을 가리는 효과라고나 할까.

드넓은 풀밭의 끄트머리에는 하늘과 맞닿은 지평선이 살그머니 내려앉아 있었다. 하늘의 구름은 마치 문구점에서 파는 입체 구름 스티커처럼 현실감이 없었다. 하늘을 바라보면 풀밭이, 풀밭을 바라보면 하늘이 나의 시선을 앗아갔다. 결국 짙은 초록의 지평선을 바라보며 눈동자의 안정을 찾았다. 그리고 지평선만큼 멀리 있는 말이 보였다.

말? 따그닥 따그닥 그 말? 속엣말을 하며 내 눈을 믿을 수 없다는 듯 코가 눌리도록 유리창으로 다가갔다. 대여섯 마리의 말이 보였고 그 옆 풀밭에는 소도 있었다. 여기는 목장인가 보다. 방목하여 가축을 키우는 목장. 그런데 말 중에 옷을 입은 말이 있었다. 비슷한 말 같은데 왜 어떤 말은 옷을 입고 어떤 말은 그렇지 않은지 가이드에게 물었더니 목장 주인의 말은 그냥 키우고 위탁받아서 키우는 말은 옷을 입혀 구분하는 것이라고 설명해 주었다.

아, 네 말과 내 말을 구분하는 것이었구나! 빨강이나 노랑 천을 입혀 자기 말을 표시하여 알아볼 수 있게 한 것이다. 나는 내 아이들을 그냥 알아볼 수 있는데 마주(馬主)는 그렇지 않은가 보다. 심지어 거적때기를 씌워 놓아도 내 아들딸은 딱 보일 것이다. 교복을 입고 우르르 지나가는 무리 속에서도 내 아이의 뒤통수는 빛이 난다. 언제 어디서고 번쩍번쩍 빛나는 뒤통수와 앞통수는 내가 낳은 내 아이들이었다. 물론 내 눈에만 그 빛이 보이지만.

마주는 빨강이나 노랑으로 자기 말을 구분하지만, 나는 그 찬란한 빛으로 내 아이를 찾아낸다. 네 말과 내 말

을 가르는 것과는 천지 차이다. 내 눈에 내 아이들이 빛나듯 다른 이들도 마찬가지로 그들만의 빛을 찾을 수 있을 것이다. 각자의 빛을 가진 아이들이지만 우리가 아이를 키우는 데 있어서는 네 아이 내 아이 구분하지 말고 다 잘 키워야 한다고 생각한다. 내 아이만 잘 키워서 될 일이 아니다. 이 아이들이 어엿한 성인이 되어 사회에서 만나는 것은 내 아이 네 아이를 가리지 않으니까.

우리가 이미 겪은 경험을 되살려 보면 이해가 쉽다. 진상 인간을 만났을 때, 더군다나 그 진상이 동료이거나 상사라고 생각해 보면 고개가 절로 저어질 것이다. 내 아이가 그런 진상이 되지 않도록 키우는 것이 제일 중요하고 못지않게 중요한 것이 바로 다른 아이도 진상이 되지 않도록 함께 돌보아야 한다는 것이다. 너무 인류애적인 사랑일까?

풀밭의 말을 구분하는 것은 단지 멀리서도 보이도록 하기 위함이지 대우가 다른 건 아니라고 했다. 아이들도 같지 않을까. 내 눈에만 보이는 내 아이의 찬란한 빛으로 구분은 하되 내 아이 네 아이 모두 사랑하면 조금 더 살기 좋은 세상이 오지 않을까. 초록의 풀밭에서 반짝거리는 희망을 찾은 것 같았다.

부전여전(父傳女傳)

너는 누구 닮았니?

이 질문에 대한 답은 엄마 또는 아빠일 것이고, 나의 막내는 주저함 없이 늘 '아빠'라고 대답한다. 아이들은 크면서 얼굴이 여러 번 변한다는데 딸아이는 시종일관 아빠의 유전자를 증명하면서 자랐다. 이번 호주 여행에서는 승부에 대한 집념을 불태움으로써 아빠 닮은 아이임을 다시 한번 명확하게 드러났다.

포트 스테판은 모래사구에서 썰매를 타는 일정이었다. 우리는 포트 스테판에 도착하여 장갑차처럼 생긴 미니버스로 갈아탔다. 인원 확인을 하고 가이드가 "Go!"

라고 외치자마자 버스는 푸르릉 푸르릉 요란하게 시동을 걸었다. 모래 언덕을 달리는 장갑차는 울퉁불퉁한 시골길을 달리는 것보다 더 흔들렸다. 포트 스테판 안쪽에 도착해서 모래 썰매에 대한 안전 수칙을 들었다. 비교적 간단한 설명을 마치고 가이드는 큰 목소리로 가장 많이 미끄러지는 사람에게 상품을 주겠다고 했다. 아…. 듣기만 해도 힘이 빠졌다. 무슨 상품인지는 모르겠으나 그걸 받겠다고 꾸역꾸역 저 위로 올라가 미끄러져야 한다니 의욕이 사그라드는 것 같았고 경험 삼아 한 번만 미끄러지고 말아야겠다고 생각했다.

하지만 남편은 달랐다. 그는 상품 설명을 듣기도 전에 반드시 자기가 1등을 해야겠다고 나에게 귓속말을 했다. 나는 굳이 대답하지 않았다. 그의 승부욕은 일찌감치 여러 번 목도하였기에 그의 결심이 충분히 짐작되었다. 마라톤, 축구 등 종목을 가리지 않고 순위 안에 들어야 했으며 심지어 족구 대회에서 우승하겠다고 최선을 다하다가 다리가 부러진 일도 있었다. 사고 순간에도 우승 여부를 걱정했던 남자다.

가이드가 1등부터 3등까지의 경품을 알려줬고, 그걸

들은 남편이 1등 상품의 달러($) 가격을 원(₩)으로 환산하더니 흥분이 더 고조되는 것 같았다. 이 사람을 누가 말릴 수 있을까. 1등을 위한 특훈이 시작되었다. 시골에서 비료 포대 깔고 눈썰매 타던 걸 경력 삼아 연습했다. 엉덩이의 위치도 조절하고 어디쯤에서 미끄러져 내려오는 것이 유리한지 모래 언덕의 각도까지 계산했다. 아…. 보기만 해도 피곤해.

손을 들어야겠어.

왜?

브레이크 역할을 하니까 손을 치켜들어야 해.

아.

당신도 탈 거지?

나는 한 번만 탈게.

그래. 내가 1등 할게. 나만 믿어.

그럼 믿지. 내가 종대씨 아니면 누굴 믿어.

1등은 내 거라고!

응. 다 가져.

연습 시간이 다 끝났다고 가이드가 알렸다. 지금부터 시작이라고 하는 소리와 함께 남편의 몸에서 불꽃이 일었다. 나는 그 불꽃에 데일까 봐 모래사구 밑에서 기다렸다. 언덕 꼭대기에서는 경기에 참가할 사람들이 가로로 늘어섰고 가이드가 출발 신호를 보내자 거의 동시에 미끄러지기 시작했다. 시간보다 거리였으므로 모두 어떻게 해서든지 밑으로 더 밑으로 가려고 애를 썼다. 엉덩이를 슬쩍슬쩍 미는 사람, 손으로 노를 젓듯이 휘적거리는 사람, 중간에 엎어져서 데굴데굴 굴러서 내려오는 사람도 있었다.

남편은 2등을 했다. 그의 승부욕이 더 불타올랐다. 활활. 아쉽다는 거겠지. 나는 남편에게 말을 걸지 않았다. 이럴 때는 조용히 웃어주는 게 상책이다. '나는 당신을 믿어'라는 듯이. 두 번째 미끄러지면서 남편은 드디어 1등을 했다. 와~~~!!! 승리의 세러머니와 함께 크게 만족하는 그의 모습은 세상을 다 얻은 것 같았다. 나는 박수를 쳤다. 속으로는 이제 그만했으면 싶었다. 세 번째 도전에서 다른 사람들이 더 길게 미끄러지면서 그는 3등으로 밀려났다. 비록 3등이지만 1등을 해봤으므로 괜찮다며 만족하는 것 같았다. 이때 막내가 내게 다가와 말을 걸었다.

엄마.

어.

나 2등 하고 싶어.

1등 아니고 2등?

응. 2등 선물이 세럼이라면서.

아~ 그래 2등 하자.

그러고서 막내가 꼭대기로 올라가 주우 우우 우 우우 우욱 미끄러진 결과 1등을 했다. 나는 비명을 질렀다. 나의 귀여운 아기가 1등을 하다니!!! 꺄~ 너무 좋아서 방방 뜨고 있는 엄마와 달리 막내는 떨떠름했다. 1등 아니고 2등 상품을 갖고 싶었는데 왜 자기가 1등을 했냐면서 기뻐하기는커녕 오히려 입이 쭉 나왔다. 아…. 나의 중2여!

막내가 1등으로 올라서면서 3등이었던 남편은 4등으로 밀려나 선물을 받지 못했다. 승부욕 강한 이 남자는 본인 딸이 1등 한 기쁨보다 본인이 4등으로 밀려난 것에 한없이 안타까워했다. 축 처진 어깨를 하고 막내에게 1등 선물을 좀 봐도 되냐고 묻는 그의 모습에서 나는 웃지 않을 수 없었다. 순간 막내는 그걸 아빠에게 주겠다고 거래를 시작했다.

아빠, 이거 아빠 줄게.

이걸? 이건 네가 탄 거잖아.

이거 갖고 대신 나 세럼 사줘.

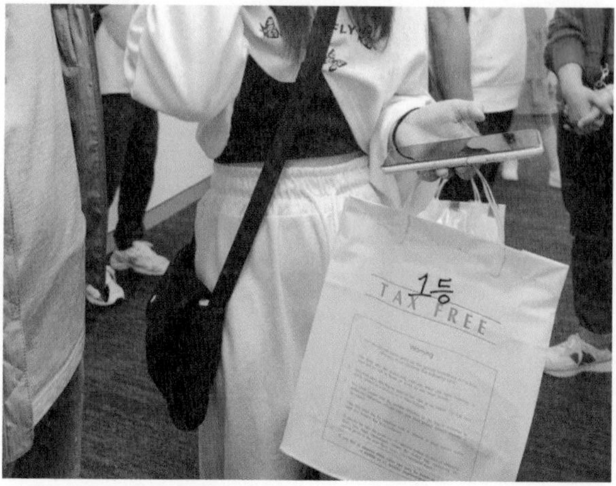

남편은 나를 쳐다보며 허락을 구했다. 아빠나 딸이나 참 대단하다며 나는 백기를 들지 않을 수 없었다. 겉으로는 "으이구…."라며 퉁을 놓았지만 내심 흡족했다. 딸아이가 나를 닮아 모래 썰매를 지레 포기했다면 너무나 아쉬웠을 것이 뻔했기 때문이다.

남편과 딸아이가 부전여전이라 참 다행이었다. 세상을 대하는 자세로 치자면 뒤로 한 발 빼는 것보다 우선 맞서 보는 것이 더 낫다고 생각한다. 나이 오십에 알긴 알지만 여태까지 살아온 성향이 대범하지 않았기에 아는 것과는 다르게 요리조리 재고 간을 보게 된다. 그래서 늘 아쉽고, 2% 부족한 느낌이었는데 딸아이는 나를 닮지 않고 부전(父傳)이라 나보다 더 나은 삶을 살 수 있을 것 같다.

그들은 분홍, 나는?

챠차착. 챠차작.

본다이 비치에서 파도 소리를 들으며 참 좋다고 생각했다. 파도 소리에 좋다는 말 이외의 다른 형용사를 붙인 적이 있던가? 파도가 들이미는 손에 나를 맡기고 싶었다. 내가 너무 무거워 따라갈 수 없다면 내 머릿속 잡생각만이라도 파도에 딸려 보내고 싶었다. 왠지 가능할 것 같아 파도 쪽으로 한 발짝 두 발짝 가까이 가는데 어디선가 삐~~~ 삐! 삐! 호루라기 소리가 들렸다.

흠칫 놀라며 왼쪽으로 고개를 돌렸더니 핑크색 덩치들이 등등등 땅을 울리며 달려오고 있었다. 뭐 하는 사람들인지 한참을 쳐다보았다. 수영을 즐기기 위한 동호회 사람들은 아닌 것 같았다. 서핑하는 청년들도 있기는 했지만 그들과는 확연히 다른 옷차림이라 그 정체를 알기 위해 유심히 살펴보았다. WATER SAFETY 아~ 해상구조대였다. 내가 넋을 놓고 서 있는 장소가 해상구조대 훈련 지점이었던 것이다. 어쩐지 바로 옆에서 호루라기를 힘차게 불더라니.

분홍으로 된 옷이 아마도 구조대를 표시하는 것 같았다. 훈련에 참여하는 모든 사람이 모자까지 분홍으로 맞춘 걸로 봐서 이 지역 구조대는 분홍색으로 구분된다는 걸 알 수 있었다. 훈련은 매우 절도 있게 진행되었다. 나는 물에 들어가는 대신 이 훈련을 구경하기로 했다. 본다이 비치도 귀했지만 이런 훈련은 더 귀했기에.

우선 호루라기를 입에 물고 있는 리더 쪽으로 달려와야 했다. 와다다다 뛰어와서 도착을 확인받고 바로 좌향좌를 하면서 바다로 뛰어들었다. 머뭇거림도 대화도 없었다. 눈빛과 눈치는 익숙한 훈련의 결과물인 듯 목소리 대신 발소리와 쉭쉭 숨소리만 들렸다. 분홍 대원들이 모두 바다로 뛰어들었다가 돌아와 리더와 눈맞춤을 하고

다시 저 멀리 있는 깃발로 뛰어갔다. 주의를 집중해야 할 순간에는 삐~ 삐! 삐! 호루라기를 불었다. 그때마다 분홍의 움직임이 소리에 딱딱 맞춰졌다. 멋있는 분홍의 물결이었다.

저 멀리까지 간 분홍 대원들이 잠시 쉬는 시간을 가지는지 이쪽으로 움직일 기미가 보이지 않았다. 호루라기 리더도 어느새 그쪽으로 움직이고 있었다. 분홍 대원들이 훈련하는 모습을 보아서였을까? 본다이 비치에서 여가를 즐기는 사람들이 더 행복해 보였다. 그들의 안전을 책임져 줄 누군가를 염두에 두고 있는지는 모르겠지만 그날 내 시야에 잡힌 분홍은 안전의 색깔이었다.

달링하버에서 분홍을 또 만났다. 이번에는 파티 복장이었다. 색색깔로 옷을 맞춰 입은 사람들이 지나가길래 뭐 하는 거냐고 물어보았더니 가이드가 크루즈 파티 드레스 코드라고 알려줬다. 선착장에 정박해 있는 배에서 주말마다 파티가 열리는데 드레스 코드가 따로 있는 배들이 있다고 했다. 그 설명을 듣고 나서 보니 삼삼오오 몰려다니는 사람들의 옷의 특징이 눈에 들어오기 시작했다. 분홍을 필두로 하얀색, 초록색이 보였고 머리부터 발끝까지 반짝이를 치렁치렁 달고 있는 사람도 보였다. 그 사람이 참여하는 파티의 드레스 코드는 '정신 없음'이 아닐까 생각하면서 혼자 피식 웃었다.

주말 파티에 참석하는 분홍 옷차림은 즐거움과 기대가 한껏 묻어있었다. 이쪽 분홍 여자가 밝게 웃으며 뭐라 뭐라 말을 하는데 옆의 분홍은 듣는 건지 마는 건지 표정이 영 떨떠름했다. 이상하다 싶어 떨떠름 분홍을 자세히 살피다 보니 핸드백이 활짝 열려 있었다. 아이쿠.

저걸 어째. 오른발 왼발 걸을 때마다 핸드백의 뚜껑이 날름 날름 뱀 혓바닥처럼 움직였다. 마땅히 들은 건 없어 보였지만 가방 단속을 저리해서 어쩌나 걱정되었다. 아…. 다시 보니 일부러 그런 건가 싶다. 가방 안쪽이 핫핑크였다. 어허허. 걸을 때마다 떨떠름 분홍 여자가 메고 있는 가방의 핫핑크가 함께 움직였다. 순간 저 분홍 파티에는 내가 이해하지 못할 옷차림이 많겠다고 짐작했다. 말 그대로 즐거움과 기대로 가득 찬 분홍일 테니 말이다.

본다이 비치에서 만난 안전한 분홍, 달링하버에서 만난 즐거움과 기대의 분홍을 보며 나는 과연 어떤 색깔일까 생각하게 되었다. 나를 대표할 수 있는 색깔이 있을까? 듣기에는 퍼스널 컬러를 진단해 주는 서비스도 있다지만 남들이 보기에 잘 어울리는 색깔 말고 내가 나를 보일 수 있는 나만의 색깔이 무엇인지 궁금했다. 내가 좋아하는 색은 있다. 나는 변함없이 초록색을 좋아했다. 연두에서 청록색까지 밝기와 선명도에 따라 다르기는 해도 초록색을 고르는 건 한결같았다.

초록색은 생명, 부활, 안정, 수용, 평화, 휴식 등을 의미한다. 활활 타오르는 열정보다는 그 열정을 태울 수 있는 용기와, 열정을 태운 이후의 위안을 책임지는 색깔이다. 의미를 몰랐을 때는 단순히 식물이 좋다는 이유로 초록색을 골랐지만 의미를 알고 나니 더 사랑할 수밖에 없는 색이다. 열정적인 사람도 좋아하지만 그 열정을 불사르기 위한 앞과 뒤를 보살펴주는 역할에 나는 더 매력을 느끼기 때문이다.

다시 보아도 맞는 말이고 나에게 적당한 색깔이다. 내가 원하는 색깔이기도 하다. 맑고 투명한 연두는 돋아나는 생명이며, 6월 여름의 초록은 안정적이다. 청록색의 짙음은 누구도 침범할 수 없는 평화를 뜻하며 그보다 약간 높은 채도의 풀빛은 휴식과 꼭 맞는 느낌이다.

무엇보다 초록색은 그 종류를 막론하고 눈길을 끌어당기는 선수다. 시드니 오페라하우스 앞에서 기념촬영을 하는 중에도 나는 구부러진 세모 지붕의 오페라하우스보다 그 광장 벽에 있는 초록 이끼가 더 눈에 들어왔기 때문이다. 이러니 나는 초록이라고 또한 초록은 나라고 하지 않을 수 없다.

나는 이러한 이유로 초록입니다. 당신은?

나도 접고 싶다

나중에 커서 뭐가 되고 싶니?

어릴 적 누군가 내게 물을 때면 나는 한 번도 시원하게 답을 한 적이 없다. 우선은 뭐가 되고 싶은지 잘 몰랐고, 내가 원한다 한들 과연 그게 가능할까 싶었기 때문이다. 워낙 시골에서 본 것 없이 자라 의사, 간호사, 선생님 이외의 직업을 잘 떠올릴 수 없었던 것도 이유라면 이유였다. 다만 확실하게 알 수 있었던 것은 흙마당 있는 집에서 살고 싶다는 것이었다.

흙마당이 있어야 집다웠다. 흙마당이 없는 집이 있다는 걸 국민학교에 들어가서야 알았다. 내가 살던 곳은 워낙 시골이었고, 학교는 한참이나 멀리 떨어진 곳에 있었다. 그곳은 면사무소가 있는 일종의 번화가였는데 조그만 관공서가 모여 있었던 학교 근처는 마당이 없는 집, 즉 연립빌라가 다닥다닥 붙어 있었다. 그 집들은 마당은커녕 문을 열면 바로 밖이었다. 문을 열면 바로 길가였다는 말이다.

어린 눈으로 봤을 때 그런 집이 과연 집일까 궁금했다. 내가 살던 집은 흙벽에 외양간이 딸려 있고 부뚜막에 걸린 솥단지에 밥을 하는 곳이었다. 물론 우물도 있었다. 하지만 국민학교가 있는 동네의 집들은 부뚜막도 외양간도 우물가도 없었다. 제일 중요한 마당도 없었다. 친구들과 모여 자치기도 하고 땅따먹기도 하고 비석 치기도 해야 하는데 그걸 할 수 있는 마당이 없었다. 그때부터 앞으로 내가 살 집은 흙마당이 반드시 있어야 한다고 생각했다.

그리고 시간이 흘러 어른이 되고 여기까지 왔다. 흙마당이 있는 집에 대한 로망도 함께 끌고 오긴 했는데 현실적인 고민이 더해졌다. 집 안으로 흙먼지가 상당히 들어올 수 있기 때문에 안과 밖을 분리할 수 있는 문에 대

한 생각이 많아졌다. 앞으로 내가 살 집에 대한 여러 가지 상상을 하며 나는 여전히 아파트에 살고 있다. 현재 아파트 주민이지만 흙마당이 있는 집에 대한 소망을 한 순간도 잊은 적이 없으며 꼭 이룰 것이라고 확신한다.

시드니의 달링하버에서 그 '문'에 대한 고민이 해결되었다. 안과 밖을 자연스럽게 연결하면서도 분리할 수 있는 문은 바로 '폴딩 도어'였다. 달링하버의 해안가의 주택들은 대부분 바다 쪽으로 난 창에 폴딩 도어가 설치되어 있었다. 여기도 저기도 흔하게 볼 수 있었다. 와! 바로 저거다!

여기 폴딩 도어들은 일조량 조절과 빗물이 들이치는 걸 막기 위한 용도일 것이다. 건물마다 색과 디자인을 달리하여 미관상으로도 굉장히 보기 좋았다. 이 문들이 나에게는 마당과 건물을 분리할 수 있는 매우 적절한 용도로 쓰일 수 있을 것 같았다. 달링하버에서 폴딩 도어를 보며 아! 하는 순간 내 머릿속에서는 벌써 집을 짓고 나는 그 집에서 살고 있었다. 아침에 쪽문들을 접어 한쪽으로 밀며 저만치 떠오르는 아침 해를 맞이하는 모습을 상상했다.

아~ 나도 접고 싶다, 폴딩 도어! 태평양 건너 어느 항

구 도시에서 미래 내 집에 대한 아이디어를 얻다니! 이런 기분을 과거 국민학교 시절의 내가 표현한다면 아마도 '땡 잡았다!'라고 했을 것이다. 그 옛날부터 품고 있던 내 소원을 이룰 날이 가까이 온 것 같았다. 나중에 커서 흙마당 있는 집에 살고 싶다고 한 나의 바람이 점점 더 구체적으로 그려지는 여행이었다.

가면 가는 대로 오면 오는 대로

뭘 그렇게 찍어요?

여행을 함께 하는 일행이 조심스럽게 다가오며 물었다. 꽃나무 뒤에 뭔가 놀라운 것이 있는 줄 알았나 보다. 내가 꽃을 찍는다고 했더니 "아…."라는 짧은 소리와 함께 노란 꽃에게 시시한 눈길을 던지며 돌아섰다. 나에게는 더없이 놀라운 자연의 모습이지만 관심사가 다른 이들에게는 이 꽃이나 저 꽃이나 단지 꽃일 뿐이니 어쩌면 당연한 것이었는지도 모른다.

여행 내내 식물 사진을 많이 찍었다. 익숙한 식물을 만날 때는 나도 모르게 "너, 여기서도 사는구나!"라며 인사를 했다. 그래서 거기 뭐 특별한 것이라도 있는지 묻는 경우가 왕왕 있었다. 태평양 건너가 옆집도 아닌데 우리 집 앞마당에 핀 것과 같은 식물을 만났을 때 무척 반가웠다. 마치 동네 친구를 만난 것 같은 기분이었으니 인사를 건네는 건 자연을 대하는 자연스러움이었다. 호주는 남반구에 위치하기 때문에 북반구에 있는 우리나라와 계절만 반대일 뿐 사계절의 기후는 비슷해서 식물의 분포도 크게 다르지 않았다. 내가 여행했던 3월은 우리나라는 초봄, 호주는 초가을에 해당하는 날씨였다. 다시 말해 호주는 여름꽃이 질 무렵이었다.

여름을 지나 가을 문턱에 있었던 호주의 자연은 왕성한 번식을 갈무리하느라 바빴다. 꽃을 활짝 피워 벌과 나비를 유혹하며 '여기야~ 여기!'라는 속삭임이 들리는 것 같았다. 막바지 수정을 위해 힘쓰다가 소나기를 맞고 축 늘어진 꽃의 수술은 연인에게 바람맞은 것처럼 처량하게 보였다. 비만 아니었다면 내 손가락으로 암술을 만나게 해주고 싶었다.

가지에 달린 까만 열매는 쪽빛 하늘을 배경으로 선명한 계절의 변화를 보여주고 있었다. 순간 '쪽빛'이라는

표현을 호주 하늘에 사용하는 것이 적당한가?라는 의문이 들었다. 그 의문이 이상하다는 생각을 연이어 했다. 그건 우리나라 하늘에 붙은 유일한 말이 아니기 때문에 호주 하늘이 아닌 그 무엇이라도 표현할 수 있는 명사이기 때문이다. 어색하면서도 적당한 쪽빛 하늘 덕분에 가을의 정취를 흠뻑 느낄 수 있었다.

호주의 꽃과 나무와 열매 그리고 하늘을 포함한 계절의 변화를 눈으로 사진으로 담으며 나는 집을 떠올리고 있었다. 집에 있는 내 식물들이 그리웠다. 나 없이 잘 있을까? 흙이 마르지 않도록 물은 잘 주고 있을까? 연한 잎이 다치지 않도록 조심해야 하는데…라는 걱정을 했다. 꽃샘추위를 대비해 단단히 싸매주긴 했는데 그래도 혹시 하는 마음에 친정엄마에게 전화했다.

엄마. 나야.

어. 좋지? 어때? 밥은 먹었어?

먹었지. 엄마는?

나도 먹었지. 왜 전화했어?

있잖아, 화분에 물 잘 줬어?

그것 때문에 전화했어? 호주에서?

어. 그냥 문득 생각나서. 걱정도 되고.

미칼라. 멀리까지 가서 그런 걱정을 뭐 하러 해. 좋은 거 보고, 좋은 거 먹고 해. 즐겁게.

엄마는 식물들 죽으면 안 속상해?

너는 그게 그렇게 속상해?

그럼, 속상하지 안 속상해?

가면 가는 대로 오면 오는 대로 사는 거야.

호주까지 가서 집 걱정, 그것도 화분 걱정이나 한다고 한바탕 잔소리를 들었다. 그러면서 호주의 풍경이 궁금하다시며 사진이나 많이 찍어오라고 하셨다. 안 그래도 꽃 사진 많이 찍었다는 말은 하지 않았다. 굳이 말하지 않아도 우리 모녀는 그랬으리라는 걸 아니까.

엄마는 꽃이 피고 지는 모습을 보며 아이를 키우는 것과 다를 바 없다는 감상평을 하곤 했다. 억지 춘양으로 갖다 붙이면 될 일도 안 된다고, 자연스럽게 크도록 놔두는 것이 최고라고 나를 다독였었다. 아이 키우는 것이 이렇게 고된 것인지 몰랐다며 불평을 하거나 또는 그렇

게 투덜댈 힘조차 남아 있지 않았을 때에도 엄마는 모든 것이 가면 가는 대로 오면 오는 대로 하면 된다고 했다.

엄마의 철학과는 조금 다르게 나는 아이를 키우느라 소진된 에너지를 식물을 통해 채우는 쪽이었다. 식물은 돌보면 돌볼수록 푸르러지고 아름다운 결실을 맺는다. 그 기간이 길어봤자 두 계절이면 충분했다. 하지만 아이는 20년째 키우고 있다. 식물처럼 번듯한 결실이 과연 맺히기는 하는 건지 매우 의심스럽다. 아니 이 경우는 오히려 아가 때 행복의 결실을 먼저 주고 나머지 기간을 돌보라는 선지급 후결제 방식이라고 할 수 있다. 지급은 짧은 행복으로, 결제는 기나긴 육아로.

나는 차라리 식물을 키운다고 했고, 엄마는 그래서 식물을 키운다고 했다. 여하튼 우리는 식물을 키우며 자연의 위대함을 깨닫는다. 그 위대한 역사는 식물이든 아이든 가리지 않고 모든 것이 자연스럽게 오고 갈 수 있도록 우리를 돌보는 것이 아닐까. 쪽빛 하늘 아래 존재하는 모든 것이 마찬가지일 테니 말이다.

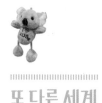

또 다른 세계

카툼바. 오늘의 행선지라고 했다. 내가 기획하고 계획한 여행이었다면 오늘의 일정 설명은 내가 했을 것이다. 지금까지 내 여행은 그랬다. 하지만 이번은 내 인생 처음 경험하는 패키지여행이었다. 그래서인지 호텔 로비에 앉아 오늘 방문할 동네에 대한 설명을 듣는 것부터 벌써 낯설고 새로웠다. 그건 마치 카툼바 예고편을 보는 것 같았다. 게다가 나는 여행 일정에 대한 공부를 하나도 하지 않았기 때문에 호주에 관해서는 거의 백지처럼 아는 게 없었다. 백지 위에 카. 툼. 바. 세 글자 썼을 뿐인데 내 발은 이미 운동화 안에서 동동 구르고 있었다. 이제 출발하나요? 라며 발이 먼저 나서는 듯했다.

드라마 예고편을 보면 공개되는 일부 장면으로 대강의 스토리 얼개를 짤 수 있고, 제일 중요한 사건의 핵심은 본방을 사수해야 알 수 있다. 카툼바도 그랬다. 작은 동네지만 관광 명소가 있어 방문객이 많은 편이라는 설명은 미리 들었기에 붐비는 것은 어느 정도 예상했었다. 하지만 이렇게 스펙터클한 곳인지는 전혀 눈치채지 못했다. 거기에서 나는 가이드가 운동화를 재차 강조한 이유를 깨닫기도 했다.

카툼바의 시닉 월드는 블루마운틴의 일부였다. 블루마운틴 산악지대는 우리나라 면적의 1/10 정도라고 하니 내가 방문한 시닉 월드는 블루마운틴의 아주 작은 구석이라고 할 수 있겠다. 그러니까 블루마운틴의 귀퉁이쯤으로 이해하면 되겠다. 그 귀퉁이로 가는 방법은 레일웨이를 타고 입장하는 것이었다.

레일 웨이를 기다리며 우리가 진짜 저기… 저 안으로 들어가야 하는 것이냐고 물었다. 가이드는 그렇다고 했다. 그는 당연한 걸 묻는다는 눈빛으로 나를 보았고 나는 그를 탓하는 듯이 쏘아보았다. 안개 속을 내 발로 걸

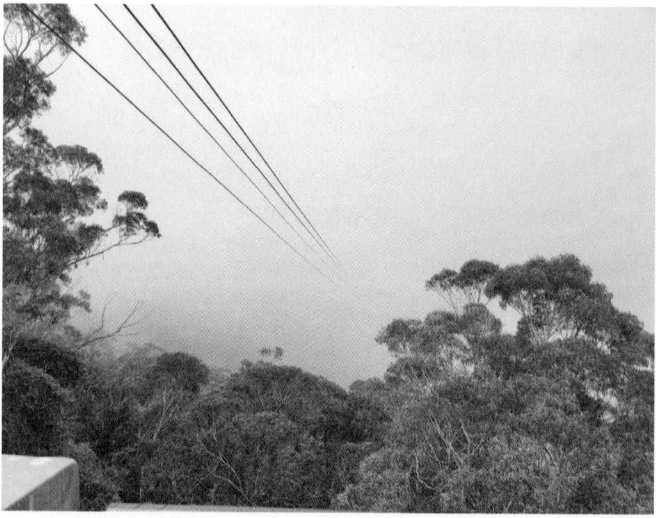

어들어가도 무서운데 무언가를 타고 들어간다고 생각하니 미지의 세계로 끌려가는 것 같았다. 가지 말까라는 생각을 하던 찰나 저 밑에서 철커덩철커덩 소리를 내며 빨간 열차가 올라왔다.

에버랜드의 환상특급인가? 요즘에도 그 롤러코스터가 있는지는 모르겠다. 나는 환상특급을 쳐다만 봐도 우욱…. 속이 울렁거리는 우주최강 겁보였으니 이 열차를 보고 겁에 질리는 건 당연했다. 안 타고 싶었다. 뒤로 물러나려고 발을 뺐는데 하필 내가 서 있는 곳이 승강장 맨 앞이었다. 결국 나는 도망치지 못했고 그때 레일웨이 문이 열리면서 빨간 티셔츠를 입은 안전요원이 어서 타라고 소리쳤다. 영어로 말했는데 나 왜 알아들은 거야? 못 알아듣는 척하고 그 자리에 서 있고 싶었으나 그건 마음만 그랬을 뿐 이미 몸은 제일 안쪽으로 밀려 들어갔다. 내 뒤에 서 있던 막내와 남편이 타고 안전요원이 네 명을 채워 앉은 뒤 찰칵 문을 닫았다.

나중에 안 사실인데 이 열차가 운행되는 레일의 경사가 무려 52˚였다. 몸이 앞으로 쏠려 나는 악. 소리를 지르고야 말았다. 나만 빼고 다들 재밌다고 우하하 웃으며 창밖을 보라고 경치를 소개하기도 했다. 나는 앞에 있는 손잡이를 꽉 쥐느라고 경치는 못 본 것 같다. 보았어도 기억 안 난다. 눈에 들어왔을 리가 있나. 내가 지금 살아 있는 이유는 레일웨이가 그나마 짧은 덕분이었다.

시닉 월드 안쪽에 도착해 보니 여긴 제주도 거문오름과 비슷했다. 원시림이 우거져 있었고 과거 사람들이 생활했던 흔적이 있었다. 거문오름에는 일제강점기와 제주 4.3 사건의 유적지가 있는데, 시닉 월드에는 과거 광산의 현장이 잘 보존되어 있었다. 호주에는 지하에 광물자원이 풍부하여 광산이 경제 발전의 밑거름이 되었다고 한다. 광부들의 작업 환경과 작업 도구들, 채굴 장면을 재현한 동상들을 보고 우리나라와 비슷하면서도 참 다르다는 생각을 했다. 제주도 거문오름의 유적지는 쓰라린 역사의 흔적이었고, 시닉 월드의 전시물은 자랑스러운 발전의 역사였다. 거문오름의 역사적 현장이 사상의 대립으로 희생되었던 민중들의 넋을 기리는 장소라면, 시닉 월드 광산은 지하 환기구나 레일 카트 등을 이용하여 일했던 광부들에 대한 감사를 표하는 곳이었다. 색을 달리하는 두 역사의 현장은 모두 초록의 원시림으로 둘러싸여 잘 보존되고 있었다.

깊은 숲에 들어서면 오감이 일시에 긴장했다가 탁 풀어지는 걸 느낄 수 있다. 그건 태평양을 건너와도 마찬가지였다. 숲은 특히 원시림은 그런 힘을 가지고 있다. 긴장을 풀고 모든 것을 자연스럽게 받아들일 수 있도록 눈, 코, 입, 귀, 피부를 쓰다듬는다. 시야가 맑아지고, 흙냄새가 몸 안으로 스며들며, 목소리는 자연스레 낮아진다. 내 발소리가 내 귓바퀴로 온전히 전달되며, 몸 안으로 들어왔던 숲의 정기가 피부의 숨구멍을 통해 숲과 교감하기에 이른다. 나아가 생각까지 맑아지므로 도인들이 자연 속으로 들어가는 것은 자연스러운 귀결이다.

안갯속으로 어떻게 들어가냐며 날카롭게 쏘아보았던 내 눈빛, 뒷걸음치려던 내 의지, 땀이 나도록 꽉 쥐었던 내 손이 숲에서 부드럽고 후하게 변신했다. 마치 착한 인간이 된 것 같았다. 원시림에 살았던 원시인들도 이렇게 착하지 않았을까? 어쩌면 착하다는 개념 자체가 없었을 지도 모른다. 다 그렇게 살았으므로. 맑은 눈빛으로 숲과 교감하는 삶이었을 테니까.

숙소에 돌아와 옷을 갈아입다가 어깨 부분에서 정체를

알 수 없는 청록색 얼룩을 발견했다. 이게 뭐지? 짙은 얼룩은 나에게 '너는 나를 지울 수 없을 것이다'라고 말하는 것 같았다. 아! 순간 알았다. 시닉 월드 원시림의 이끼였다. 사진 찍으며 어깨에 뭔가 툭 스쳤던 느낌이 되살아났다. 이렇게 나는 원시림에게 찍힌 걸까? 찍히다 못해 벗어나지 못하도록 연결된 것이라는 착각을 스스로 만들어 냈다. 얼룩은 아직까지 지워지지 않았고 조끼로 가려 입고 있으니 앞으로도 계속 우리의 연결은 끊어지지 않을 것이다.

혹시 내가 지쳐 쓰러지거나 필요 이상으로 표독해졌을 때는 또 다른 세계, 시닉 월드의 안개와 이끼에게 텔레파시를 보내야겠다. 자연스러운 인간이 되도록. 차원이 다른 세계라도 우리는 짙은 초록 얼룩으로 연결되어 있으니까. 삐리리리~! 삐리리리~!

DANGER
KEEP OUT

Timeless

시드니, 강수확률 80%

호주로 출발 전, 인천공항에서 기상 예보를 기상 비보로 읽었다. 날씨를 알리는 화면 아랫부분에 조그만 글씨로 기상상황은 언제든 바뀔 수 있다는 낭보도 있었다. 긴 시간 비행 후 도착한 호주는 맑지도 흐리지도 않은 날씨였다. 마치 속을 알 수 없는 사람처럼 흐릿한 하늘의 기운을 알아채기 어려울 만큼 애매했다. 비보와 낭보 사이 어디쯤 있는 것 같았다. 어중간한 날씨에 첫날 관광을 마치고 호텔로 가는 버스에서 우리는 80% 확률의 그 비를 만났다. 하늘에서 내리는 비보에 낭보는 어디론

지 자취를 감춘 듯했다.

버스에 오르기 직전 투둑 빗방울이 떨어진 것 같은데 어느새 비는 방울이 아닌 줄기로 변하고 있었다. 한 방울 위에 다른 방울이 겹쳤다. 방울이 두 배로 커졌으니 그만큼 무거워지기도 했으리라. 유리창을 붙잡느라 방울의 위쪽 부분이 슬쩍 늘어지는 게 보였다. 반대로 아랫부분은 아기의 통통한 배를 두드리듯 토동동 토동동 버스 엔진의 울림에 따라 공명하고 있었다. 순간 세 번째 방울이 덮쳤다. 주르륵. 눈물로 흘러내렸다. 나, 슬픈가? 빗방울이 모여 빗줄기로 떨어지는 모습에서 나는 왜 눈물이 연상되었을까? 바로 옆에서 똑같은 모습들이 연속 재생되고 있었다. 한 방울 위에 두 방울이, 그리고 세 번째 방울이 덮치고 내리치고. 또 덮치고 내리치는 과정을 바라보며 나는 시간의 문을 통과하는 것 같았다. 나는 멈추고 저들은 움직이는 Timsless.

장시간 비행의 피로와 함께 시드니의 낯섦이 겹쳤다. 나는 지금 여기서 무얼 하고 있는지 인식할 수 없을 만큼 멍해졌고 깊은 자의식 속으로 빨려들어갔다. 도대체 나는 누구인지. 이 시간 여기는 어디인지. 아주 짧은 순간

깊고도 깊은 시간의 문을 통과해 지금껏 보지 못한 나를 만나고 있는 기분이었다. 시간의 문을 열고 질문 앞에 서 있는 나, 내 옆에 있는 이 남자는 문밖에서 나를 쳐다보고 있었다. 눈꺼풀을 아래로 내리며 빗물을 타고 흘러가 버리는 줄 알았지만 다시 올라가는 눈꺼풀을 따라 나의 문 앞에서 "여보!"라며 나를 부르고 있었다.

이 남자는 내 남편이다. 늦은 나이에 결혼한 나는 그 나이가 늦은 건지 몰랐었다. 이 남자의 엄마가 나보고 '결혼이 너무 늦은 거 아니냐'라고 해서 그런 줄 알았다. 나보다 어린 이 남자에게는 이른 결혼이었나 보다. 그런 뜻이었겠지. 누군가에게는 너무 늦었고 또 다른 누군가에게는 조금 이른 결혼이 성사되었다. 지금 창밖에서 내리는 비가 이른 건지 늦은 건지 누가 판단해 줄 사람? 비의 시기를 판단할 수 없듯이 우리의 결혼도 그랬다. 이르고 늦고를 떠나 꼭 맞는 행복한 결혼식이었다.

나는 야외 결혼식을 원했다. 화창한 날 이 남자와 부부가 되고 싶었다. 하늘이 도우셨는지 눈이 부시도록 맑은 날 어느 정원에서 우리는 서로의 아내와 남편이 되었다. 그날 이후로 영겁의 세월 같은 20년이 흘렀고, 그사이 우리는 더욱 단단한 사이가 되었다. 그동안 나는 좋기도 했고 싫기도 했다. 가끔 힘들기도 했고 행복하기도 했다. 이 결혼이야말로 비보와 낭보 사이에서 널을 뛰고 있는 것이 아닌가? 이 날씨처럼.

결혼을 포함한 우리 인생이 낭보만으로 가득하면 얼마나 좋을까! 하지만 비보도 적당히 섞여 시간을 타고 흘러야 한다는 건 그도 나도 모두가 알고 있는 것이다. 비가 오면 오는 대로 날이 맑으면 맑은 대로 우리의 여행은 값진 추억이 될 것이라는 것도 당연하다.

남편과 함께 막내를 데리고 호주에서 첫날 관광을 마치고 호텔로 가고 있는 버스에서 나는 시간의 문을 통과했다가 나에게로 돌아왔다. 유체이탈했다가 다시 합체한 것처럼. 뽀롱. 모든 것이 명징해졌다. 호텔에 도착해 버스에서 내리니 언제 그랬냐는 듯 비가 꼭 맞게 그쳤다. 낭보다.

턱이 있을 턱이 있을까

호주에 머무는 동안 날씨가 우리를 많이 도와줬던 것 같다. 첫날 이동 중에 줄기차게 내리는 비로 인하여 버스 안 공기가 자못 무거웠다. 앞으로의 일정에 차질이 생길까 봐 모두가 걱정하고 있었던 것이다. 하지만 일행 중 한 분이 본인이 일명 '날씨 요정'이라면서 걱정말라고 호언장담을 했고, 그 말에 우리는 모두 와하하 소리 내어 웃었다. 날씨 요정의 말에 따르면 본인이 버스에서 내리면 비가 오다가도 그칠 것이며, 날이 밝으면 비구름도 걷힐 것이라고 했다. 그리고 정말 그랬다. 날씨 요정에게 고마웠다.

달링하버에는 선착장뿐만 아니라 볼거리와 즐길 거리가 많아 여러 개의 일정이 여기에서 진행되었다. 이 근처에 오페라하우스와 하버브리지가 있었고, 우리가 머무는 호텔도 여기서 멀지 않아 오며 가며 들르는 곳이기도 했다. 처음에는 낯설어서 주변을 살필 새도 없이 목적지만을 향해 걸었는데 차차 익숙해지면서 나도 모르게 알아차린 것이 있었다.

선착장의 처음부터 끝까지 모든 곳에 턱이 없었다. 선착장에서 산책로까지 1km 남짓한 길 전체가 밋밋했다. 주변 상가 안쪽으로 들어가는 공간에 간혹 계단이 있기는 했지만 대부분은 단차가 거의 없었다. 다시 말해 평

평한 곳이었다. 유모차도 휠체어도 자유롭게 다닐 수 있었다. 지팡이를 탁탁 짚으며 걷는 노인들이 걸으면서 위험을 감수하지 않아도 될 만큼 안전하게 설계되어 있었다. 이런 걸 유니버설 디자인이라고 한다. 남녀노소 장애와 상관없이 모두 편리하게 이용할 수 있는 공간 설계를 말하며 우리나라에도 오래전에 소개되었지만 적용은 더딘 개념이다.

건축에 대한 철학과 인간과 자연에 대한 인식이 확장되면서 우리나라에는 '모든 사람을 위한 디자인' 또는 '보편적 설계' 등으로 번역되어 알려졌다. 예를 들면 낮고 둥근 버스 손잡이나 이전에 비해 훨씬 넓어진 전철 게이트에 유니버설 디자인이 적용되었다고 할 수 있다. 직업이 사회복지사라 그런지 태평양을 건너와서도 사회적 약자를 위한 편의 시설이나 정책들이 특히 눈에 띄는 건 어쩔 수 없었다.

마침 유모차를 밀고 가는 부부가 보이길래 남편에게 이곳은 유모차가 자유롭게 다닐 수 있을 것 같다는 말을 했다. 그는 별 감흥 없이 내 말을 듣는 것 같았다. 역시 내 눈에만 보이는 것이었다. 그래서 장애인이 탄 휠체어나 어르신들의 보행기도 무리 없이 돌아다닐 것 같다고 설명했더니 그제야 복지 시설이 잘 되어 있는 것 같다며 맞장구를 쳤다.

넓은 국토에 적은 인구가 풍부한 자원 덕분으로 누릴 수 있는 것이라 우리나라와 절대적으로 비교 불가하지만 그래도 부러운 건 어쩔 수 없었다. 호주는 길바닥에도 턱이 있을 턱이 없다며 나도 모르게 하소연을 했다. 그 말을 들은 남편이 직업병도 가지가지라고 하면서도 자기도 사실은 노인들이 이용할 수 있는 편의시설을 좋게 보였다면서 같은 생각이라고 했다. 사회복지사 아내와 20년을 살다 보니 직업병도 옮는다면서 우리는 함께 웃었다.

내 사랑 중2

아들들이 고등학생이라는 이유로 여행에 불참했다. 사실 아들들이 같이 간다고 나섰다면 조금 당황했을 것이다. 만약 '나도 갈게'라고 했다면 겉으로야 그러자고 했겠지만 속으로는 걱정이 말이 아니었을 것이다. 어쨌든 이 아이들은 사회적 신분이 신분인지라 집에 남아 있기로 하고 막내딸만 동행하기로 했다. 게다가 여행지를 호주로 선택한 것도 막내딸이었기 때문에 함께 떠날 이유는 명백했다.

오히려 잘 되었다. 나는 이번 여행을 통해 딸과 수다를 좀 떨어야겠다는 생각을 했다. 딸이 사춘기에 접어들면서 말수가 급격하게 줄어 너무 걱정이었고 거기에 더해서 허구한 날 책상에 코를 박고 그림만 그리는 딸의 속내를 캐고 싶은 마음도 있었다. 결론부터 말하자면 그 목표는 대실패였다. 비행기에 타자마자 수첩을 꺼내 그림을 그리다가 내가 말을 좀 시키니 아예 모자를 눌러쓴 채로 핸드폰을 들고 대화를 거부했기 때문이다.

절체절명의 순간에만 대답을 하는 나의 중2 딸을 한참 바라보고 있자니 고구마를 백오십 개는 먹은 것 같았다. 옆에 있던 남편이 내 손을 지그시 잡고 '이것 좀 보라'며 불렀다. 남편이 보라고 한 것이 무엇이었는지 기억나지 않는다. 남편은 나의 등에서 뿜어져 나오는 서늘한 기운을 느끼고 멈추고 싶었던 것이다. 그래서 아무 핑계나 대고 나를 돌아서게 한 것이었다. 그는 손에 힘을 조금 더 주며 나와 눈을 맞추었다. 나더러 그러지 말라는 뜻이었다. 평소 아이에 대한 관심이 너무 과하다는 지적을 하던 남편의 말이 이번에는 눈빛으로 전달되었다. 나는 곧 알았다는 텔레파시를 보냈다.

딸에게 말 걸기를 멈추었다. 식사 메뉴를 결정한다든가 화장실에 다녀오라는 꼭 필요한 말만 했다. 어렸을

RGANIC.
oliver's
REAL

적부터 유독 말이 많았던 아이가 어떻게 이렇게 한순간 입을 닫아버릴 수가 있는지 기네스북에라도 올리고 싶은 심경이다. 기네스북에서 받아줄 리 만무하지만 이렇게 극단적으로 변할 수 있다는 것이 놀라워 어디에라도 하소연을 하고 싶다는 말이다. 퇴근하고 돌아온 나에게 종알종알 너무 떠들어 대서 나는 속으로 구구단을 외울 정도였다. 물론 청자로서 추임새는 잊지 않았다. 그 대답에 아이는 더 신이 나서 '그래서 말이야~' 접속사를 갖다 붙이며 말이 끊이지 않았었다. 그때가 좋았다는 걸 이제야 깨닫는 나는 바보 엄마인가.

호주에 도착하여 아이가 나에게 처음 한 말이 "엄마, 나 이거 사줘."였다. 기념품 가게에서 코알라 인형을 골라 들고 나를 쳐다보며 사달라고 했다. 못 사줄 것이 무엇이겠냐는 과한 표현은 삼갔다. 이럴 때일수록 건조하게 답하라고 어디선가 읽은 기억이 났다. 그래서 나는 입꼬리를 살짝 올리며 "그래."라고 대답하며 신용카드를 꺼내 계산해 주었다. 다른 건 더 필요한 게 없냐고 묻고 싶었지만 이 또한 꾹 참았다. 아직 남은 여행 일정에 필요한 게 있으면 말하겠지 싶어 최선을 다해 나의 입

을 잠갔다. 계산원에게 고맙다고 인사를 하며 돌아섰더니 아이가 나에게 들릴락 말락 하게 "고마워."라고 했다. 세상에나 만상에나! 모기 소리보다 작은 내 딸의 목소리가, 고. 마. 워. 세 글자가 내 가슴에 콕. 콕. 콕. 박혔다. 나는 너무 신이 났다. 마치 과거에 딸이 퇴근하는 나를 반기던 그 모습처럼. 가방에 인형을 걸어주며 우리는 눈이 마주쳤고 서로 웃었다. 빙긋. 그리고 행복했다.

모자를 뒤집어쓰고 어딘가를 응시하고 있는 딸을 보면서 번데기 같다는 생각을 했다. 애벌레에서 성충이 되기 위해 고치 안에서 세상 만물의 원리를 모두 흡수하고 있는 번데기가 떠올랐다. 말랑말랑하고 아기 로션 냄새 가득하던 아이가 단단한 자기만의 방을 마련하고 그 안에서 '나'를 고민하고 만들어가는 바로 딱 그 시기였다. 막내라는 이유로 엄마인 내가 그걸 인정하지 않으려 했나 보다. 언제나 나의 아기일 줄 알았는데 이제 날아갈 준비에 접어든 것이다. 애벌레에서 나비가 되기 위해 고치를 뒤집어쓰고 있는 것이다. 나는 이제 속으로 구구단을 외울 것이 아니라 아이를 인정하고 세상으로 보낼 주문을 읊어야 할 때라는 것을 알았다.

이동하는 버스에서 처음에는 엄마하고 같이 앉고 싶다고 하더니 하루가 지나고 이틀이 지나며 아이도 여행에 나름 적응했는지 이제 나더러 아빠와 앉으라고 했다. 자기는 혼자 앉아 있고 싶다고. 바로 전날 내가 아이를 놓아줘야 할 때를 깨달았다는 걸 부정하고 싶었다. 하룻밤새에 나와 떨어져서 앉고 싶다고 말할 줄은 몰랐었기에. 흑흑. 속으로는 울었지만 그러자고 했다. 그리고 아이 바로 뒤에 앉아 아이를 연신 찍어 댔다. 아이가 찍는 건 나도 같이 찍었다. 나는 질척거리는 연인처럼 아이를 눈으로 좇았다.

GIVE WAY
TO

포트 스테판에서 웬일로 나에게 사진을 찍어 달라며 연신 말을 걸어왔다. 하얀 티셔츠에 파란 바지를 입고 구름과 모래 사이에 선 아이를 보며 뭉클했다. 아이 뒤에 걸친 구름이 마치 아이의 날개 같았다. 나에게는 나무꾼이 숨겼던 선녀 옷도 없는데 아이가 구름을 날개 삼아 저 하늘로 날아가면 어떡하나 불안했다. 예전에 막내와 나눈 대화가 생각났기 때문이다.

주원아, 주원이는 어쩌다 엄마 딸로 태어났어?

엄마. 나는 원래 하늘나라 천사였어.

그~으~래? 근데 어쩌다가?

응, 그게 말이지, 천사 어린이들이 달리기 시합을 하다가 내가 발을 헛디뎌서 구름 사이로 쏙 빠졌지 뭐야. 그래서 세상으로 떨어졌는데 정신을 차리고 보니 엄마 뱃속이었던 거야. 그렇게 된 거야. 그래서 엄마 딸로 태어난 거야.

아마 예닐곱 살이었을 것이다. 천사 어린이가 구름 달리기를 했다고 나에게 알려준 것이. 나는 그걸 우리끼리 비밀로 하자고 했다. 나무꾼은 선녀 옷을 숨겼는데 엄마는 천사 어린이의 숨길 옷이 없으니 우리끼리 비밀로 하고 알콩달콩 재미있게 살자고 약속했었다. 살아보니 지구는 그리고 엄마는 꽤 괜찮다며 아이가 농담도 했던 것 같다. 말을 그렇게도 잘했던 아이였다는 것이 새삼스럽다.

크루즈에서 혼자 있고 싶다며 바다로 나아가는 아이를 보며 이번 여행이 어쩌면 마지막일 수도 있겠다는 생각을 했다. 당분간은 부모와 거리를 두며 점점 멀어지다가 성인의 모습으로 다시 내 앞에 서기 전까지 이런 기회가 다시 없을 것 같았다. 꼬꼬마 막내딸이 벌써 이렇게 컸나 싶었고 문득문득 카메라 앵글에 잡히는 아이의 모습이 매 순간마다 조금씩 크고 있는 것 같았다. 그나마 내 시야에서 벗어나는 일은 없었다. 눈을 들면 어딘가에는 있었다. 알고 그러는 건지 어쩌다 보니 그렇게 된 것인지는 알 수 없으나 우리는 이번 여행에서 적당한 거리를 유지하며 떨어져 있는 연습을 했던 것 같다. 아직은 연습한 대로 잘 지내고 있다. 앞으로도 잘 지냈으면 좋겠다.

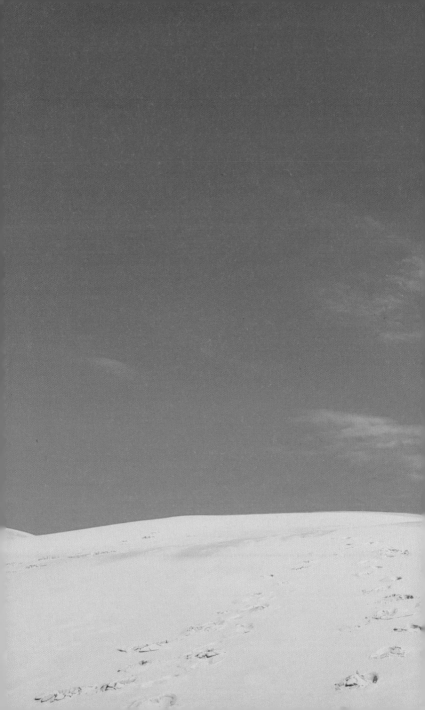

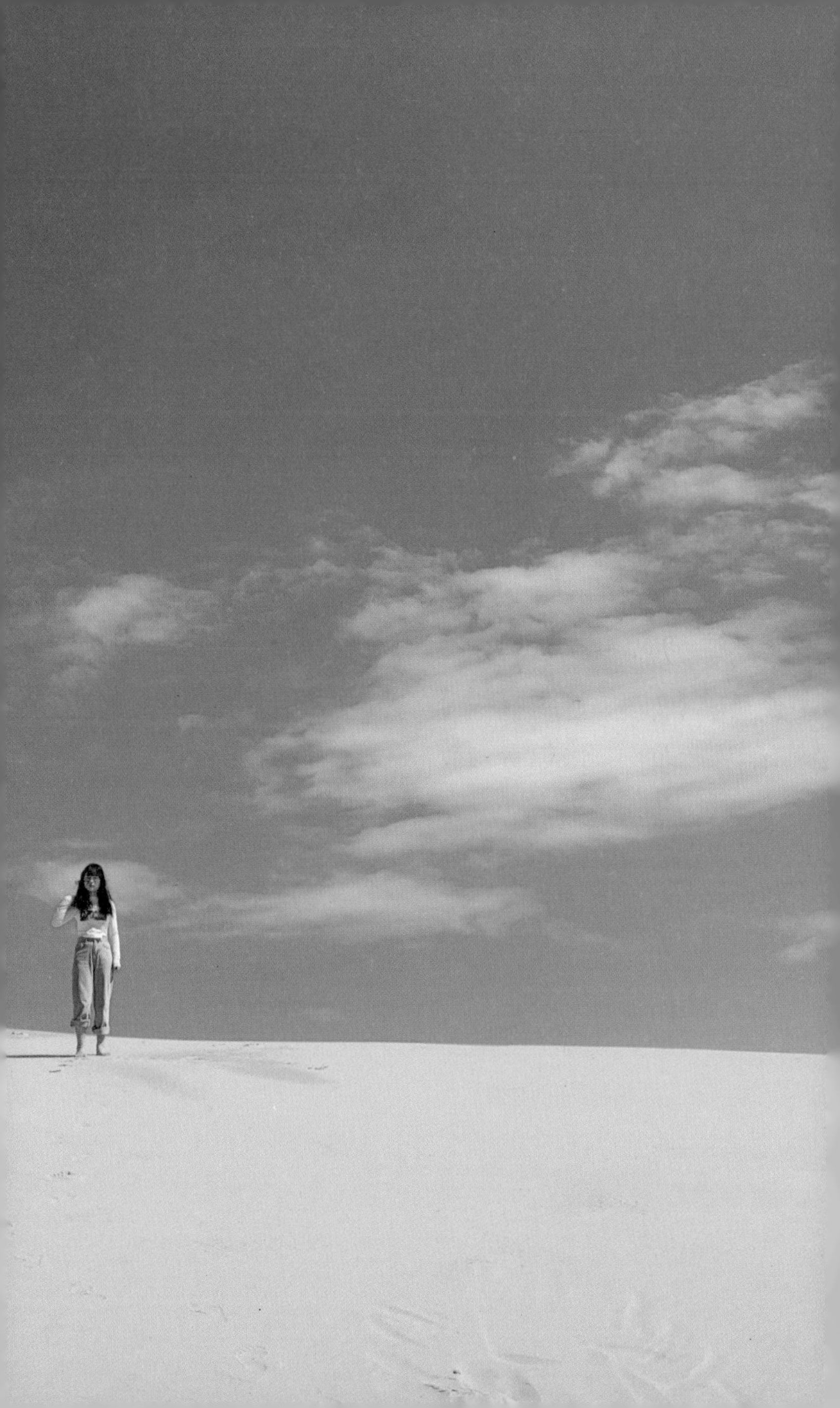

배보다 더 큰 배꼽

호주는 섬나라다. 그래서 여행 중에 배를 여러 번 탔다. 물론 오세아니아 대륙으로 불릴 만큼 넓은 곳이라 사막도 있고 산도 있고 도시도 있지만 무엇보다 태평양 건너에 있는 섬이므로 내가 아는 섬, 제주도와는 달라도 분명 많은 것이 다를 거라고 기대했다.

돌고래 크루즈를 탄다고 선착장으로 왔는데 경치가… 경치가 정말 아름다웠다. 가이드가 우리더러 잠시 기다리라고 하더니 아이들만 불러 모았다. 돌고래 크루즈라 아이들을 미리 조심시키는 거려니 생각하고 나는 바닷가 벤치에 앉아 놀라운 경치를 독차지했다. 바다를 보고 앉아도 백 점, 등지고 앉아도 백 점이었다.

건들바람을 따라 작은 파도가 일었다. 해는 잠깐 올라갔다가 내려오고 있는 해수면을 놓치지 않았다. 기울어진 물결의 구석까지 빈틈없이 빛줄기를 쏘아댔다. 덕분에 바다는 눈이 저절로 감길 만큼 찬란하게 반짝였다. 하늘에 떠 있는 해는 동그랬고, 바다의 해는 평평했다. 아니 출렁였다고 하는 것이 더 정확하겠다. 파도의 윤슬로 인해 나도 모르게 눈을 감은 것처럼 하늘에 있는 해도 출렁이는 물빛에 눈을 찌푸리지 않았을까? 세상천지에 자기보다 눈부신 것이 있을까 라며 더 세게 빛을 발했고, 그러면 그럴수록 물결은 사방팔방으로 더 쨍하게 반사했다. 누가 이기든지 이기는 편이 내 편이었고, 나는 동그란 해와 출렁이는 해 사이에서 그저 행복한 인간일 뿐이었다.

이쪽의 잔디는 또 어떻고. 짙은 초록 잎이 찰찰 거리며 바람을 따라 기울어졌다. 그 위로 아이스크림을 하나씩 들고 뛰어다니는 아이들이 보였다. 아이스크림? 아…. 아까 아이들을 우르르 데리고 갔던 가이드가 매점에서 애들 입에 아이스크림을 하나씩 넣어줬던 것이다. 덕분에 까르르까르르 웃음 소리가 넘쳐났다. 웃는 만큼 아이스크림도 덩달아 녹아내렸다. 바람에 햇빛에 애들 침까지 묻은 빙과류가 녹는 건 순식간이었다. 꼬마들의 엄마는 녹는 아이스크림을 휴지로 또는 본인들의 입으로 막아보려 했지만 감당이 불감당이었던지라 모두 화장실에 한 번씩 다녀오는 걸로 마무리되었다.

모두 줄을 서서 차례로 크루즈에 올라탔다. 로맨스 영화에서 주인공 남녀가 바다 데이트를 즐기는 배와 비슷하게 생겼다. 돛도 하얀색이었는데 영화에서는 높게 매달린 직각삼각형 두 개를 남자 주인공이 멋있게 조정하지만, 우리가 탄 배에는 구릿빛 남자 주인공도 직각삼각형도 없었다. 돛을 돌돌 말아 접은 채로 출발했고 혹여 다칠 수 있으니 자리에 바르게 앉으라는 안내방송만이 울려 퍼졌다. 관성의 법칙에 따라 몸이 약간 뒤로 밀렸을 뿐 이내 승차감 좋은 크루즈에서 돌고래를 볼 수 있었다.

돌고래를 보는 지점은 정해져 있는 것 같았다. 돌고래와 크루즈가 새끼손가락 걸고 약속했을까…. 그건 아니겠지만 그런 것처럼 선장이 Right! 외치면 오른쪽에 세 마리가, Left! 외치면 왼쪽에 세 마리가 모습을 보였다.

돌고래는 뱃머리에서 제일 잘 보였기 때문에 그쪽에 사람들이 옹기종기 모여 돌고래를 구경했다. 돌고래 크루즈 일정이었으니 그게 핵심인 건 맞았다. 일행들도 꺄~ 소리를 지르거나 찰칵찰칵 사진을 찍느라 바빴다.

하지만 나는 출발 전에 만끽했던 이쪽 100점, 저쪽 100점, 합이 200점이었던 경치를 잊지 못해 돌고래를 보고 "아. 돌. 고. 래. 다. 세. 마. 리. 네." 영혼 없는 감탄사를 뱉은 후 후미로 갔다. 배의 꼬리에서 스크류가 돌아가며 만들어내는 물살은 콸콸콸 소리를 내며 배를 바다 쪽으로 밀어내고 있었다. 나는 밀려나고 싶지 않았다. 다시 돌아가고 싶었다. 나에게 스파이더 거미줄이 있다면 선착장으로 쏘아붙여 배를 다시 끌어당겼을 텐데. 아니면 내 몸만이라도 휭 가져다 놓았을 텐데. 돌고래 보러 가서 돌고래를 보긴 봤는데 그것보다 바닷가 경치에 홀딱 반해버렸다. 이거야말로 배보다 배꼽이 더 큰 거겠지.

일상과 비일상

호주 패키지여행의 마지막 일정은 시드니 공항에서 비행기를 타고 인천으로 돌아오는 것이었다. 버스를 타고 호텔에서 공항으로 이동하면서 이 여행이 벌써 끝인가…하는 아쉬움이 가득했다. 호주 시드니를 한 장면이라도 더 담아가기 위해 달리는 버스에서 사진을 얼마나 찍었는지 모른다. 초점이 제대로 잡히지 않아도 그건 영락없는 시드니였다. 소중한 나의 시드니, 아름다운 호주였다.

사실 나는 이 여행을 마뜩잖아 했었다. 어떻게 해서라도 오지 않으려고 얼마나 뒤로 뺐는지 모른다. 여권을

갱신해야 한다는 걸 알면서도 모르는 척했고, 짐을 쌀 때도 바쁘다는 핑계를 대면서 남편에게 모든 것을 미뤘다. 그때는 정말 오기 싫었었다. 하지만 막상 시드니를 떠나는 길에서는 너무나 아쉬워 가슴이 텅 비어버리는 것만 같았다. 오죽하면 비행기가 연착되었으면 좋겠다는 생각을 했을 정도였다. 하지만 비행기는 연착되지 않았고 탑승 수속에도 아무 문제가 없었다. 오히려 가이드의 뛰어난 재량 덕분에 빠르고 간편하게 출국장으로 나올 수 있었다. 만약 그 순간 이번 여행에 대한 만족도 조사를 했다면 전원 5점 만점에 5점을 주었을 것이다. 특히 티케팅을 위해 여권을 들고 줄을 설 때 우리 팀을 위한 가이드라인이 따로 설치되어 앞쪽에 자리를 잡을 수 있었다.

꼬불꼬불 설치된 가이드라인을 따라 우리 뒤로 여러 팀이 수속을 기다리고 있었다. 젊은이들도 있었고, 가족으로 구성된 팀도 있었다. 그 중 30대 초반쯤으로 보이는 여자가 어수선하게 뭔가를 찾는 것처럼 보였다. “아….” 탄식하며 바닥에 짐을 풀어 놓고 엎어쳤다가 메쳤다가를 반복하고 있었다. 가이드가 그쪽으로 잠시 다녀오더니 우리에게 조용히 “여권 잘 챙기셨죠?”라고 물었다. 그 여자는 여권을 찾고 있었던 것이다. 내 손에 들린 여권을 꼭 쥐며 걱정스러운 눈빛으로 한참 뒤에 있는 그녀를 바라보았다.

그리고 우리는 비행기에 탑승했다. 비행기는 만석이라고 했다. 하지만 내 옆자리의 주인은 나타나지 않았다. 내심 아무도 오지 않으면 편하게 갈 수 있으리라는 기대도 했다. 승무원이 안전 장비 사용 시범을 보이는데도

옆자리는 끝까지 비어있었다. 아…. 아까 그 여자의 자리였나 보다. 딱 한자리가 그것도 바로 내 옆자리가 비었다. 이 자리의 주인인 그 여자가 걱정되었다. 그 여자가 돌아가지 못한 일상을 상상하니 아고고 소리가 절로 나왔다. 직장에 다닌다면 의도치 않은 결근으로 업무에 지장을 초래할 것이며, 주부라면 집안일이 제대로 진행되지 않을 것이다. 뭐가 되었든 그녀의 일상은 사고가 발생한 것이다. 꽝. 나는 이런 사고를 제일 두려워한다.

여권을 분실한 그녀의 비일상을 떠올리며 내가 이번 여행을 왜 그토록 피하고 싶어했는지 깨달았다. 나는 아이들보다 내 일상이 흔들리는 것을 견딜 수 없었던 것이다. 아침부터 밤까지 다람쥐 쳇바퀴 돌듯 째깍째깍 흘러가는 나의 일상은 나를 붙잡고 있는 '나' 자체다. 24시간을 매일 같이 기록하고, 한 달 단위로 끊어가며 1년 열두 달을 증명하는 나의 일상은 왜 이러나 싶을 정도로 반복되는 루틴이다. 일정하게 채워지는 Time Table은 나에게 안정감을 준다. 그것이 내가 바라는 최고의 나다. 하지만 반대로 들쭉날쭉하게 기록되는 날은 걱정으로 남아 뭔가 일이 잘 안 풀린 것 같다. 이런 비일상은 나를 심하게 흔들어 젖히는 불안 요소였던 것이다. 별일 아닌데도 별일인 것처럼 두근두근 가슴이 떨리는 초조한 비일상이 나는 싫고 두렵다. 아…. 그래서 여행이 불편하고 내키지 않았다. 나의 일상에서 벗어난다는 단지 그 이유 때문에.

그렇다고 해서 내가 여행을 전혀 가지 않은 건 아니다. 그리고 다녀오면 새로운 내가 되어 다시 일상으로 젖어든다. 다만 여행을 떠나기까지의 시간이 불안으로 가득 찬다는 말이다. 일어나지도 않은 일들에 대한 어두운 상상으로 "만약 그렇게 되면 어떡하냐고…."를 극복해야

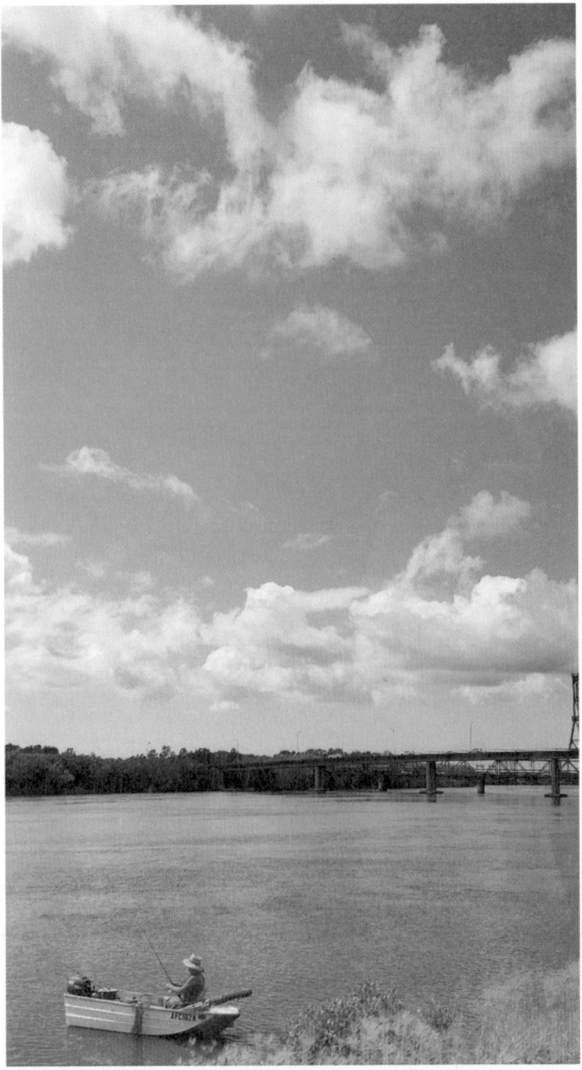

드디어 출발하게 되는 것이다. '극복'은 힘들지만 마침내 떠날 때 느껴지는 해방감은 그야말로 굉장하다. 단단하게 체결되어 나를 감싸고 있던 일상의 사슬을 탁. 끊어내는 것 같다. 물론 두고 온 일상이 걱정되지만, 그것도 잠시, 곧 시원한 자유를 느끼게 된다. 그리고 비로소 나는 수많은 사람들이 왜 그토록 떠나고 싶어하는지 알게 된다. 다음번에는 조금 더 과감해져 볼까. 다시 한번 나의 불안이 행복으로 바뀌는 순간을 기대해 볼까.

일상에서 벗어나는 첫 번째 발걸음에는 두려움이 가득하다. 너무 무거워서 발걸음을 옮기기조차 어려울 정도다. 두 번째 발걸음은 머뭇거린다. 이대로 가면 되는 거라고? 라는 글자가 발자국에 찍혀 나오는 것 같다. 세 번째 발걸음은 걱정보다 설렘이 더 들어 있어서 약간 가벼워진다. 그리고 막상 여행지에서 나의 불안은 거짓말처럼 행복으로 바뀐다. 마술사가 콧기름을 묻혀 수리수리 마수리 하는 것처럼.

그리고 집으로 돌아오는 길에 나는 안도한다. 여행을 떠나기 전에 가득했던 불안과 두려움은 뽀작뽀작 걸어가며 설렘과 행복으로 바뀌고 귀갓길에 안도감으로 마무리된다. 특별히 이번 여행은 이렇게 에세이로 정리하면서 행복과 안도감이 더 커졌다. 그래서 다음 여행을 떠날 수 있을 것 같다. 두근두근.

공항 검색대

여행 중에 제일 아쉬운 순간은 일정을 마치고 집으로 돌아오는 길이다. 모든 것이 애틋하다. 등 뒤에 있는 여행지가 벌써 그립고, 일행들과의 헤어짐이 섭섭하다. 밥을 몇 번이나 같이 먹었고 놀라운 순간과 재미있는 장면을 함께 했던 일행들, 그 일행들의 얼굴과 가족 구성원을 이제 막 외울 참이었는데 "이렇게 헤어지는 건가요?" 라는 인사를 나누며 조금 더 친해졌어야했다는 후회를 했다. 넉살 좋은 한 분이 "한국까지는 같이 가야죠!"라고 해서 와하하 웃기까지 했다. 나는 낯선 사람들과의 사귐이 워낙 더딘 성격이라 스스로를 탓할 수밖에 없었다.

그러므로 모든 아쉬움은 내 몫이었다.

인천 공항에 도착한 후 마지막 인사를 위해 서로를 찾으며 두리번거리다가 어서 짐을 찾으라는 가이드의 말 한마디에 우리는 앞서거니 뒤서거니 하면서 모두 수화물을 찾으러 갔다. 커다란 타원 모양으로 돌고 있는 컨베이어 벨트 위로 다양한 캐리어들이 투둑 투두둑 떨어지고 있었다. 캐리어를 뱉어내는 구멍은 이쪽과 저쪽 두 곳이었는데 컨베이어 벨트보다 약간 높은 곳에 있었기에 그 구멍을 가린 검정 고무 커튼이 젖혀질 때마다 모두 '내 건가?'하며 그쪽으로 시선을 고정하고 있었다. 가끔 옆 사람과 가벼운 눈인사만 할 뿐 긴 대화는 나눌 수 없었다. 내 짐을 찾는 것이 먼저니까.

하나 둘 "저기 내려온다."라며 캐리어를 찾기 시작했다. 우리 짐은 기다려도 기다려도 오지 않았다. 이러다가 꼴찌 하는 거 아닌가라는 생각을 했는데 정말 꼴찌를 했다. 그냥 꼴찌가 아니라 상처 입고 요란한 꼴찌였다. 캐리어 하나는 부서졌다. 그리고 다른 캐리어에는 노란 자물쇠를 그것도 아주 커다랗고 경광등이 번쩍이는 자물쇠를 차고 우리 앞에 툭 떨어졌다. 이게 뭐지?

뭐부터 먼저 살펴야 할지 모를 정도로 우리는 당황했다. 번쩍거리는 자물통을 보니 눈물이 날 것 같았다. 나 잡혀가는 건가? 어떻게 해야 하지? 손잡이가 작살 나버린 캐리어는 어디에 말해야 하는 건가? 이 역시 잡혀가는 건가? 정말 어떻게 해야 하지? 이런 걸 막막하다고 할 것이고, 다른 말로 앞이 캄캄하다고 할 것이다. 당신 덕분에 한 나의 여행은 잡혀가는 걸로 마무리되는 건가….

"여보, 괜찮아. 내가 가이드한테 가서 물어볼게." 남편도 뭐가 뭔지 잘 모르는 것 같았다. 수화물 찾느라 엉켜있는 사람들이 희미해지면서 남편과 가이드만 포커싱되었다. 남편은 물었고 가이드는 대답했다. 남편은 무표정이었고, 가이드의 표정을 읽을 수가 없었다. 모르나? 피곤한가? 잡혀가는 건가…. 설마? 남편이 나에게 와서.

우선 검색대로 가래. 별일 없을 거래.

여보, 우리 잡혀가는 거야?

잡긴 뭘 잡아. 잘못한 게 없는데.

그런데 이게 왜 번쩍거려?

그건 나도 모르지. 우선 가자.

나는 안 가고 싶었다. 미국 범죄 드라마를 너무 많이 봐서 그렇다면서 남편은 나에게 걱정말라고 했다. 심호흡을 하고 검색대를 향해 걷는 그의 뒤를 따랐다. 손잡이가 부서진 캐리어가 작다고 해도 들고 갈 만한 사이즈는 아니었다. 하는 수없이 캐리어 몸통에 달린 고무 손잡이에 손가락을 걸어 달달 끌며, 낮은 손잡이 위치 때문에 허리는 엉거주춤하게 숙일 수밖에 없었고, 겁에 질린 종종걸음으로 검색대 대기 줄에 섰다.

우리 차례가 되자마자 공항 경찰이 다가와 저쪽에서 따로 보잔다. 아흐…. 이봐. 잡혀가는 거 맞잖아. 남편과 나와 아이는 경광등이 번쩍이는 노란 자물통이 달린 커다란 캐리어 하나 + 부서진 캐리어 하나 + 멀쩡한 캐리어 하나를 밀고 따로 경찰들을 만났다. 호랑이 굴에 잡혀가도 정신만 똑바로 차리면 된다는 말도 안 되는 속담에 의지하며 우선 아이를 의자에 앉혔다.

따로 만나자는 그곳은 검색대가 세 라인 있었고, 제일 안쪽 라인으로 우리를 안내했다. 그곳에는 검색 요원이 셋 있었는데 남편과 나까지 다섯 명이 노란 자물통 캐리어를 둘러싸고 섰다.

여기 올리세요.
(캐리어를 올렸다.)
활짝 여세요.
(지퍼를 열었다.)
뭐를 이렇게 많이 사셨어요?
아~ 약이랑 술이요!

그제야 우리는 이유를 알 수 있었다. 노란 자물통은 약과 술이 많이 들어 있으니 각별히 살피라는 표시였던 것이다. 세 개의 캐리어에 구입한 약과 술을 적당히 나누어 담았어야 했는데 우리는 제일 큰 캐리어에 몽땅 담았으니 엑스레이에서 삐삐삐 걸렸었나 보다. 요원들은 포장지와 영수증까지 꼼꼼하게 확인하고 다음에는 나누어 담으라는 조언까지 한 후 우리를 보내주었다. 휴. 안 잡혀갔다.

우리는 캐리어를 꼴찌로 받은 데다가 특별한 검색까지 했으니 진이 빠질 대로 빠졌다. 어서 집에 가자고 공항 게이트를 나오려는데 어디선가 가이드가 나타나 피곤하실 텐데 안전하게 돌아가시라고 했다. 자기도 어서 집에 가서 쉬고 싶다고 했다. 아까 알 수 없는 표정은 아마도 피곤의 얼굴이었나 보다. 마지막까지 참 친절한 사람이었다. 진짜 끝인사를 하고 주차장에서 차를 찾아 집으로 돌아왔다.

짐 정리를 하며 부서진 캐리어를 보니 특별히 끌려간 공항 검색대가 다시 떠올라서 싫었다. 그래서 얼른 재활용 스티커를 붙여서 버렸다. 한참이 지난 뒤 이동 중에 파손된 가방은 배상이 된다는 걸 알게 되었지만 그걸 다시 주워올 수도 없는 노릇이었고 무엇보다 가방을 볼 때마다 생각날 것 같아 깔끔하게 잊기로 했다.

이번 여행 마지막 날의 교훈은 '사람은 잊을 건 잊고, 기억할 건 기억해야 한다'라는 것이었다. 잡혀갈 뻔한 기억은 잊더라도 외국에서 산 물건은 가능하면 골고루 나누어 담아야 한다는 걸 잊지 말자. 그러고 보니 투자의 기본도 나눠 담기고 사랑도 골고루 나눠야 뒤탈이 없다고 그랬다. 어렸을 때 엄마가 동생들과 사이좋게 나눠 먹으라는 것까지 기억났다. 그렇다면 나는 이 여행, '당신 덕분' 이야기도 많이 많이 나누는 것이 당연하다.

저는 나누겠습니다.
당신은 담을 수 있는 대로 제 사랑을 담아 가세요.
충분히 꺼내겠습니다.